NOTICE

SUR LA

CATHÉDRALE DE CHALONS.

CATHÉDRALE DE CHALONS S/MARNE.
dégagée des Constructions adjacentes,
Vue prise du Coté du Nord.
Litho de Barbat à Châlons s m.

NOTICE

HISTORIQUE ET DESCRIPTIVE

SUR

LA CATHÉDRALE

DE CHALONS-SUR-MARNE,

PAR M. L'ABBÉ ESTRAYEZ CABASSOLLE,

CHANOINE, VIC. GÉN.AL DE CHALONS,

Membre de la Commission centrale d'archéologie du département de la Marne.

CHALONS-SUR-MARNE,

CHEZ T.-J. MARTIN, IMPRIMEUR-LIBRAIRE, PLACE DU MARCHÉ.

1842.

Le Ministère des cultes a demandé dernièrement (1) aux préfets et aux évêques de nouveaux renseignements propres à le guider dans les travaux qu'il projette pour la conservation et l'embellissement de nos cathédrales. Il veut en connaître l'histoire et la description.

L'intérêt que porte le Gouvernement à nos édifices religieux m'a fait mettre à exécution la pensée qui m'était déjà venue de composer une *Notice historique et descriptive sur la cathédrale de Châlons.*

---

(1) Dans une circulaire du 10 août 1841.

Je me suis déterminé à la publier, bien qu'elle ne fût d'abord destinée qu'à fournir au Ministère les documents qu'il demande, et que Mgr l'Evêque m'avait chargé de réunir.

Puisse cette notice intéresser les amis de la religion et des arts!

Dans la partie historique, je me suis servi des documents qui ont été jugés les plus dignes de foi; dans la partie descriptive j'ai pris les conseils des hommes de l'art.

Une notice de cette nature contient nécessairement plusieurs faits admis par les uns et rejetés par les autres : il m'a donc paru important de rapporter avec impartialité les diverses opinions, pensant que c'est le meilleur moyen de frayer la voie à la vérité. Quant à mes propres sentiments, je ne les émets qu'avec réserve.

L'abbé ESTRAYEZ CABASSOLLE.

Châlons-sur-Marne, 1er mai 1842.

NOTICE

HISTORIQUE ET DESCRIPTIVE

SUR

LA CATHÉDRALE

DE CHALONS-SUR-MARNE.

PREMIÈRE PARTIE.

ORIGINE DE LA CATHÉDRALE DE CHALONS-SUR-MARNE. — SES DIVERSES CONSTRUCTIONS, SES DÉSASTRES, SES RÉPARATIONS JUSQU'A NOS JOURS.

CHAPITRE PREMIER.

Introduction. — Fondation du siége épiscopal de Châlons-sur-Marne. — Réflexions sur l'établissement du Christianisme dans les Gaules, et en particulier dans la Gaule belgique.

D'ANCIENS et précieux souvenirs se rattachent presque toujours à nos cathédrales, et leur histoire est d'autant plus intéressante qu'elle se lie d'ordinaire à celle des cités au sein desquelles elles s'élèvent.

« Les Romains dominaient encore dans les Gaules lorsque le christianisme y fut prêché, et la division civile du territoire fut adoptée comme circonscription ecclésiastique. Dès le IVe siècle, le chef-lieu de chaque province romaine, *civitas metropolis*, devint le siége d'un évêque métropolitain, appelé depuis archevêque, et chaque ville de la province ayant le rang de cité, devint le siége d'un évêque suffragant du métropolitain (1). »

Châlons, *Cathalaunum* (2) était une des principales cités de la seconde Belgique (3) dont Reims était la métropole (4).

En conséquence, le siége de Châlons-sur-Marne fut suffragant de celui de Reims, jusqu'à l'époque où l'un et l'autre furent supprimés à regret par la cour de Rome et réunis à d'autres diocèses (5).

Cependant, le Souverain Pontife rappela la gloire de la ville

---

(1) Mgr Allou, évêque de Meaux. *Notice historique et descriptive sur la cathédrale de Meaux*, p. 5.

(2) *Duro-Cathuacorum*, *urbs Cathuacorum*, *civitas Cathuellanorum*, et par corruption *Cathalaunum*. Quelques-uns pensent que ces dénominations viennent des *Cattes*, peuple qui pénétra dans la Gaule avec les Sicambres et se fixa sur les bords de la Marne, où il fonda, dit-on, la cité de *Châlons*. D'autres donnent à ces mots cette étymologie : *Dur* ou *Duren*, tour ou fort; *cata*, château; *laun* ou *laon*, plaine. (Voyez Buirette de Verrières, *Annales historiques de la ville et comté-pairie de Châlons-sur-Marne*, introduction, p. xxviij. — *Gallia christiana*, tom. IX, p. 856, etc.)

(3) On sait que la Gaule, au moment où Jules-César en fit la conquête, était divisée en Belgique, Celtique et Aquitaine. Plus tard cette division fut modifiée : le nombre des provinces varia plusieurs fois, et sous Dioclétien, on compta deux Belgiques, la première et la seconde. (*Malte-Brun*, *géograph. universelle*, tom. III, p. 167.)

(4) Urbs Remorum....... universæ secundæ Belgicæ facta est metropolis civilis, ac demùm..... metropolis ecclesiastica. (*Gallia christ.* tom. IX, p. 1.)

(5) Le département de la Marne tout entier fit alors partie du diocèse de Meaux, et le département des Ardennes, où était une grande portion du diocèse de Rheims, fut soumis à la juridiction spirituelle de l'évêque de Metz.

témoin des magnificences du sacre de nos Rois, en unissant au titre d'archevêque de Paris celui d'archevêque de Reims : il n'oublia pas non plus l'église *insigne* de Châlons-sur-Marne, et joignit le titre d'évêque de cette ville à celui d'évêque de Troyes (1).

Mais ce n'était là qu'une épitaphe sur une pierre sépulcrale.

A la restauration, l'ancien état de choses a été rétabli. L'illustre saint Remi, dont l'influence sur la civilisation et la propagation du christianisme dans les Gaules fut immense, a eu de nouveau, en 1821, des successeurs à Reims (2); et Châlons (3),

---

(1) Voyez, dans le Recueil des Bulles et Brefs de N. S. P. le pape Pie VII, relatifs au Concordat, la bulle et le décret pour la nouvelle circonscription des diocèses, en date du 9 avril 1802, p. 76.

(2) M.gr de Coucy prit possession, le 11 novembre 1821, du siége de Rheims. Cet archevêché ne put être rétabli qu'alors, vu les graves discussions élevées auparavant dans les Chambres au sujet du Concordat de 1817, qui érigeait de nouveau plusieurs siéges supprimés en 1802.

On sait que le rétablissement du siége de Reims, de plusieurs autres villes, ainsi que de Châlons, auquel il fut pourvu si tard, a été amené par des dispositions conciliatrices dûes à l'influence de plusieurs grands personnages dévoués aux intérêts de la religion. On cite entre autres l'illustre auteur des *Histoires de Fénélon et de Bossuet*, le cardinal de Bausset, ancien évêque d'Alais, etc., auprès duquel l'auteur de cette notice aime à se souvenir qu'il a passé plusieurs années.

(3) L'évêché de Châlons a été rétabli par la bulle du 27 juillet 1817. Il n'y fut cependant pas pourvu dans le consistoire du 18 octobre de la même année, dans lequel Pie VII préconisa trente-et-un évêques pour des siéges conservés ou nouvellement établis en France. En novembre 1818, Châlons ne fut pas encore compris dans les nouvelles nominations, et il se trouva dans le nombre des dix siéges qu'il restait à remplir.

Malgré les difficultés qu'éprouva l'exécution de la bulle du 27 juillet, l'érection du siége de Châlons fut maintenue par la nouvelle bulle du 2 octobre 1822, règlant les circonscriptions des quatre-vingts diocèses du royaume.

Enfin, M.gr de Prilly, nommé le 7 avril 1823, prit possession de ce siége le 1er février 1824.

dont les évêques, depuis Gébuin Ier, c'est-à-dire, depuis le milieu du Xe siècle, étaient appelés de droit à assister au sacre de nos souverains, en qualité de pairs ecclésiastiques du royaume, a vu enfin, en 1824, son antique siége se relever de ses ruines.

On est loin d'être d'accord sur l'époque de l'établissement du siége épiscopal de Châlons.

Que saint Memmie en fut le fondateur, on le croit unanimement; qu'il vint dans la Gaule belgique avec saint Sixte, chef d'une mission célèbre dans les fastes de l'Eglise gallicane, et avec saint Sinice, premier évêque de Soissons, c'est un fait admis par la plupart des historiens. Mais à quelle époque eut lieu cette mission? En quelle année saint Memmie apporta-t-il à Châlons la lumière de l'Evangile, et y fixa-t-il son siége?

Les uns veulent que ce fut dans le courant du premier siècle de l'ère chrétienne; d'autres, en plus grand nombre, pensent qu'il faut reculer ce fait jusqu'à la fin du troisième, jusqu'à l'an 290 environ.

Ceux qui soutiennent la première opinion croient avec le cardinal Baronius (1), Flodoart (2), le P. Rapine (3), Jacques de

---

(1) *Annales ecclesiastici*, tom. I, p. 356. Voyez ce qu'ont écrit sur la chronologie de Baronius, le P. Antoine Paggi, Tillemont, le cardinal Noris, etc. — Voyez aussi Feller, *Biographie universelle*, articles Baronius, Paggi, etc.

(2) *Historia eccl. Rem.* lib. I, cap. 3.

(3) *Annales ecclésiastiques du diocèse de Châlons-sur-Marne*, p. 1-22. La critique du P. Rapine est peu sûre: cet auteur mérite trop souvent le reproche que lui adresse, à cet égard, le *Gallia christiana*, tom. IX, p. 858, *circà finem*. On sait que ce dernier ouvrage a été rédigé par de savants Bénédictins.

Guyse (1), que notre apôtre vint dans le pays châlonnais, l'an 46 ou 50 de Jésus-Christ, et fut envoyé par saint Pierre lui-même, ou avec Alman (2) etc., qu'il le fut par le pape saint Clément, et parut dans nos contrées l'an 96 (3).

Longueval (4), Bérault-Bercastel (5) et Hincmar de Reims (6), nous disent que les ouvriers évangéliques, à la tête desquels était saint Sixte, fondateur du siége de Reims, tenaient leur mission du pape saint Sixte II, qui succéda en 257 à Etienne Ier, et n'occupa qu'un an la chaire de saint Pierre.

Si ce fait était bien prouvé, il serait très-favorable à la seconde opinion que nous avons rapportée. En effet, il est possible, il est même probable que l'apôtre de Châlons, avant de venir en cette

---

(1) *Annales de Hainaut*, tom. IV, chap. XXXI, p. 385.

M. le marquis Fortia d'Urban, de l'institut de France, etc., a traduit ces annales en français, et a accompagné de notes le texte latin mis en regard et publié pour la première fois. Nous ajouterons qu'il ne partage pas l'opinion de Jacques de Guyse sur l'époque de la fondation du siége de Châlons.

(2) Religieux bénédictin qui vivait sous le règne de Charles-le-Chauve. On a de lui une vie de saint Memmie écrite en latin, et qui n'a jamais été imprimée.

(3) Aux autorités qui soutiennent cette première opinion, on peut en opposer d'aussi graves en faveur de la seconde; il suffit de nommer Baillet. (*Vies des Saints*, tom. II, p. 72, et tom. III, p. 8), et le *Gallia Christiana*, p. 860, etc.)

(4) Voyez *Hist. de l'Eglise gallicane*, par le R. P. Longueval, de la compagnie de Jésus, tom. I, liv. I, pag. 88.

(5) *Histoire de l'Eglise*, tom. I, liv. I.

(6) .... Postquàm B. Sixtus à *Sixto* sedis romanæ pontifice primus ad Remensem metropolim fuit directus episcopus, etc. (*Hincmari opera*, tom. II, p. 43).

ville, évangélisa d'autres pays. Beschefer (1) cite en particulier les Ardennes, où sans doute saint Memmie resta plusieurs années. C'est ainsi qu'on peut concilier l'époque où il reçut sa mission et celle où il vint l'accomplir à Châlons.

Dom Nicolas Lelong (2) rapproche davantage ces deux époques; il écrit que saint Sixte et ses compagnons furent envoyés dans les Gaules par le pape saint Caïus, qui siégea depuis 283 jusqu'à 296.

Ceux qui croient que le siége de Châlons a été fondé dans le premier siècle de l'ère chrétienne, peuvent assurément invoquer à l'appui de leur opinion le silence des historiens sur la durée de l'épiscopat de saint Memmie et de plusieurs de ses successeurs. Ils peuvent présumer que quelques-uns de ces évêques ont vécu un temps assez long pour remplir la lacune qui existe depuis le milieu du premier siècle jusqu'à la fin du troisième. Ils sont même autorisés à prétendre, puisque nous ne pouvons assigner ni l'année où ces prélats ont été élevés à l'épiscopat, ni celle où ils sont morts, qu'il n'est pas impossible que Châlons, dans ces temps de persécution pour l'Eglise, ait eu d'autres évêques dont les noms ne soient pas parvenus jusqu'à nous. Ils peuvent enfin dire qu'à Châlons, comme dans d'autres églises des Gaules, le siége a vaqué pendant un long espace de temps, à cause des persécutions suscitées par les empereurs Dioclétien, Maximien, etc.

---

(1) Beschefer (Louis-F.-X.), docteur en théologie, chanoine et vicaire-général de Châlons, membre de la société littéraire de cette ville, où il naquit en 1708. Le sentiment de cet érudit est d'un grand poids. Une critique judicieuse et sévère se fait remarquer dans les ouvrages que nous avons de lui.

(2) *Histoire ecclésiastique et civile du diocèse de Laon et des pays circonvoisins*, p. 28.

Pour admettre une pareille opinion, il faut avouer cependant qu'on est dans la nécessité de faire un peu violence à l'histoire et à la tradition ; il faut compter pour bien peu de chose l'état connu de la religion chrétienne dans les Gaules, avant le IIIe siècle. Alors, on apercevait de toutes parts, sans doute, des évêques; mais ces prélats n'avaient pas de titre spécial qui les attachât particulièrement à telle ou telle ville : leur mission les appelait dans de vastes régions; aussi portaient-ils le nom d'*évêques régionnaires* (1).

L'histoire ecclésiastique, les annales civiles, la tradition elle-même des peuples, se réunissent sur ce point pour nous enseigner que *généralement* (2), dans les Gaules, et principalement dans les provinces du nord, les siéges n'ont été fondés que dans le IIIe siècle ; c'est-à-dire que ce n'est qu'à cette époque que les villes les plus importantes des Gaules ont eu des évêques qui s'y sont fixés, y ont formé un clergé et établi une chaire, *cathedra*, d'où est venu le nom de *cathédrales* donné aux églises-mères des diocèses. Sans doute l'Évangile avait été annoncé avant la fondation de ces siéges dans les cités devenues plus tard épiscopales, et cela devait être; mais il n'était pas nécessaire qu'il le fût par des évêques résidant au milieu d'elles.

---

(1) Voyez, Longueval, *Histoire de l'Eglise gallicane*, tome IV, liv. XI, p. 203, où il fait mention d'évêques régionnaires dans la seconde Belgique, même au 8e siècle. A plus forte raison pouvons-nous penser qu'il y en avait dans les siècles antérieurs.

(2) Nous disons *généralement*, parce qu'on peut citer quelques exceptions, par exemple, Vienne, Lyon, etc., dont les siéges ont été fondés avant cette époque.

CHAPITRE II.

Fondation de la première cathédrale sur le mont Lavinien, appelé depuis mont Saint-Pierre. — Premières constructions sur l'emplacement de la cathédrale actuelle.

Peu d'années après son arrivée à Châlons, saint Memmie fit élever un oratoire sur le mont Lavinien, situé hors de la ville, et le dédia à saint Pierre. Selon les uns, ce fut une modeste chapelle qu'il plaça près d'un autel du paganisme; selon d'autres, guidés par d'anciennes annales, un temple d'Apollon (1), bâti sur ce mont et abandonné par les idolâtres convertis, devint la première église de la cité de Châlons.

La tradition donne de l'appui à cette dernière opinion ; elle nous apprend que sur le lieu occupé par la tour de l'église de l'abbaye de Saint-Pierre (2), s'élevait autrefois un temple payen, et que saint Memmie le consacra à J.-C., après avoir prêché la foi dans la ville. Ce sentiment est encore confirmé par un titre du

(1) On présume que ce temple n'était qu'une petite rotonde au milieu de laquelle s'élevait un autel environné, à une certaine distance, de quelques colonnes.

(2) L'abbaye de Saint-Pierre, un des plus beaux édifices de Châlons, est abattue depuis peu : sur son emplacement on a construit une vaste caserne.

roi Robert, de l'an 1028, et par un autre de Henri Ier, de l'an 1043 (1), qui ont été jusqu'en 1793 dans les archives de cette importante abbaye, et qui, à cette époque, furent transportés probablement dans celles de la Préfecture, comme presque tous les titres du chapitre de Saint-Etienne.

L'église du mont Lavinien porta, dès sa fondation, le nom de *Cathédrale*, parce que c'était là que l'évêque enseignait avec autorité, du haut d'une chaire placée près de l'autel autour duquel il réunissait les chrétiens.

A quelques pas de là se trouvait le baptistère (2), qui, suivant une ancienne tradition, fut probablement agrandi, et réuni à un oratoire plus spacieux, sous DIDIER, cinquième évêque de Châlons : le nombre toujours croissant des fidèles rendit cette mesure nécessaire. La nouvelle église fut dédiée à saint Jean le Précurseur. Tout porte à croire que, devenant église principale, Saint-Jean dut avoir les prérogatives d'une cathédrale, et le fut en effet. Il est néanmoins permis de penser que peut-être Saint-Pierre conserva le premier rang à titre d'ancienneté, jusqu'à l'époque où la chaire épiscopale fut transférée dans l'église qui s'éleva plus tard dans la ville.

« La cathédrale dédiée à saint Jean-Baptiste, bâtie à une extrémité de la cité, ne pouvant qu'être provisoire, aussitôt que

---

(1) Voyez Baugier, *Mémoires historiques de Champagne*, tome II, page 120.

(2) C'était, dans les premiers siècles du christianisme, un bâtiment ordinairement séparé de l'église; on y administrait le baptême la veille des grandes solennités. On croit que le baptistère qui se voit à droite, près du portail, en entrant dans l'église Saint-Jean, est bâti sur l'emplacement où se voyait autrefois celui où les premiers évêques de Châlons conféraient ce Sacrement.

les circonstances le permirent, les évêques de Châlons songèrent à placer leur cathédrale au centre de la population (1). »

AN DE L'ÈRE CHRÉTIENNE 451.

Saint ALPIN, riche seigneur de Bayes, élevé aux honneurs de l'épiscopat, suivant les uns vers le commencement, suivant d'autres vers le milieu du Ve siècle, passe pour avoir érigé le premier un autel à Jésus-Christ, au milieu même de la ville. Selon une tradition constante, qui est aussi la plus uniforme, il choisit pour cet objet l'emplacement où s'élève la cathédrale actuelle, et qu'occupaient alors l'ancien collége des Druides, le temple des Sybilles et l'échevinage, lieu où l'on rendait la justice. Saint Alpin dédia son église à saint Vincent, martyr. Quelques-uns prétendent que saint Vincent n'en fut que le patron secondaire, et que la cathédrale actuelle porta toujours le nom de Saint-Etienne.

Saint Alpin mourut après quarante-sept ans d'épiscopat.

Son nom est illustre; il rappelle le souvenir d'un évêque assez courageux pour aller au-devant d'un vainqueur féroce qui portait partout la terreur et la désolation. Attila céda aux prières de saint Alpin (2); il épargna la ville de Châlons, et rendit tous les prisonniers qu'il avait faits au mont Aimé.

---

(1) M. J. Garinet. *Hist. de la cathéd. de Châlons et de son Chapitre*, 1re partie, publiée dans le compte rendu de la séance publique (1840) de la Société d'Agriculture, Sciences et Arts du département de la Marne.

(2) On a quelquefois demandé : est-ce dans le camp connu sous le nom d'Attila, situé à trois lieues de Châlons, entre les villages de Cuperly et de La Cheppe, que saint Alpin se serait présenté devant ce roi barbare? Est-ce là que cet évêque plaida la cause de la religion et du malheur avec cette confiance que lui aurait sans doute inspiré saint Loup qui, selon des historiens, se trouvait alors à Châlons, à la suite des armées? Est-ce là, qu'aussi persuasif que le religieux protecteur de Troyes, il obtint que sa ville épiscopale, sa ca-

486.

Florend était évêque en 486, époque où Clovis étendait de toutes parts ses conquêtes ; il les favorisa en portant son peuple à lui ouvrir les portes de la ville et à se donner à lui.

On croit que Clovis, devenu chrétien, fit à l'église de Châlons de grandes largesses, et que Florend en profita pour faire donner à Saint-Vincent de plus vastes proportions. Des annalistes disent, en effet, qu'il commanda des travaux importants et les poursuivit avec activité ; mais la mort lui ravit la satisfaction de les voir terminés.

564. 580.

Saint **Elaphe**, riche seigneur du Limousin, évêque de Châlons en 564, attacha le plus vif intérêt à l'ornement de Saint-Vincent.

---

thédrale, l'église Saint-Vincent, peut-être déjà construite, ne seraient pas livrées aux flammes ?

Il est difficile de faire à cette question une réponse satisfaisante. Quelques-uns, d'ailleurs, indépendamment de leur incertitude sur le lieu où Attila fut défait, doutent que le camp dont on voit encore des vestiges soit bien celui du roi des Huns, qu'on sait avoir été à la tête d'une armée d'environ cinq cent mille hommes. Ils croient même, et avec fondement, que ce n'était pas là un camp, mais plutôt des retranchements, derrière lesquels se trouvaient les chariots, les bagages, les provisions des troupes, les trésors aussi. Ils sont même tentés de soupçonner que ces retranchements, non loin desquels on remarque encore beaucoup d'ossements humains et des débris d'armes, ont été élevés par l'armée du patrice Aétius, lorsque cet habile général, réunissant ses forces à celles de plusieurs puissants alliés des Romains, disputait opiniâtrément la victoire au fier conquérant qui ne craignait pas de s'appeler dans ses édits la terreur de l'univers, le fléau de Dieu. On dit que ce fut près de ces retranchements que se livra la sanglante bataille où périt le roi des Goths, Théodoric, dont les cendres, suivant des recherches historiques, auraient été déposées dans le *Tumulus de Poix*.

On croit qu'il dota cette église des biens patrimoniaux qu'il possédait dans son pays, ou plutôt qu'il les vendit en sa faveur; car on n'a pas connaissance que Saint-Vincent ait jamais possédé de terres dans le Limousin (1).

Saint LUMIER, comme son frère, fit à sa cathédrale et à la nouvelle basilique de grandes libéralités, et ordonna qu'après lui les travaux qu'il avait commencés fussent poursuivis. Mais ils furent arrêtés par les guerres qui, à cette époque, troublèrent le royaume d'Austrasie (2).

---

(1) L'acte par lequel saint Elaphe et saint Lumier sont censés faire donation de leur patrimoine à l'église de Châlons, est loin de présenter les caractères requis d'authenticité; mais une tradition respectable nous met sur la trace de ce fait; aussi nous n'avons pas cru devoir l'omettre.

(2) Loup, gouverneur de Champagne, s'étant dévoué à la reine Brunehaut, avait encouru par là même la haine d'Ursion et de Berthefroi, régents d'Austrasie, qui, après l'avoir successivement dépouillé de tous ses emplois, voulurent encore lui ôter le gouvernement de Champagne. Loup résolut de se maintenir par les armes : il fut vaincu, ses terres furent ravagées, et, cédant pour un temps à sa mauvaise fortune, il se retira auprès de Gontran, roi de Bourgogne. Les années suivantes, la révolte de quelques seigneurs d'Austrasie contre Childebert II fut encore la cause de plusieurs guerres. (Voyez dom N. Lelong, *Histoire ecclésiastique et civile du diocèse de Laon*, p. 54 et 55. Voyez aussi Baugier, *Mémoires historiques de Champagne*, t. I, p. 20 et suiv.)

CHAPITRE III.

Saint-Etienne, appelé Saint-Vincent, devient cathédrale. — Embellissements et désastres de cette église jusqu'à l'année 1147.

AN 625.

FÉLIX Ier eut la gloire de terminer les travaux entrepris par ses prédécesseurs. Sous son épiscopat, Saint-Vincent devint cathédrale : l'ancienne fut abandonnée, comme ne pouvant plus suffire à la foule qui se pressait autour de l'évêque. Ce fut probablement alors que l'église Saint-Vincent reçut le nom de Saint-Etienne, si toutefois elle ne le portait pas auparavant (1).

« Nous n'avons (2) aucun renseignement bien précis sur la forme architecturale de la première cathédrale de Châlons, élevée dans la cité; mais on dut suivre les usages adoptés dans le temps de sa construction.

» Par suite de l'éloignement que les chrétiens avaient pour tout ce qui pouvait perpétuer le souvenir des temples payens, ils adoptèrent, pour leurs églises, le genre de construction des ba-

(1) Voyez ce que nous avons dit plus haut, page 14.

(2) M. J. Garinet, *Histoire de la cathédrale de Châlons et de son chapitre*, p. 9.

siliques qui, chez les Romains, étaient consacrées à des usages civils.

» A l'extérieur, la basilique chrétienne du VIIe siècle était remarquable par sa simplicité ; on n'y voyait ni tours, ni flèches, ni clochers ; les murs étaient percés de fenêtres semi-circulaires, sans encadrements ni sculptures ; ces dernières n'étaient pas nombreuses et éclairaient mal l'intérieur de l'édifice. La principale entrée, à l'orient, resserrée entre deux massifs de maçonnerie qui montaient à la hauteur du toit, donnait au portail l'aspect d'une forteresse. A l'intérieur, terminé par un hémicycle, on voyait au milieu la chaire de l'évêque, à droite et à gauche les stalles des prêtres ; entre l'hémicycle et la nef, le chœur occupé par les chantres ; au milieu du chœur, l'autel formé par une simple table ; en avant de l'autel, les deux ambons, ou petites tribunes dans lesquelles le diacre et le sous-diacre montaient pour chanter l'évangile et l'épître. La nef principale, réservée au peuple, avait des collatéraux ou nefs latérales surmontées par des galeries occupées par les vierges et par les veuves. »

Félix Ier eut donc la satisfaction de voir achever l'édifice sacré commencé par saint Alpin, et qu'avaient successivement continué Florend, saint Elaphe et saint Lumier. Il y fit construire les catacombes, dont nous voyons encore aujourd'hui quelques vestiges. Il les destina à sa sépulture et à celle de ses successeurs. Une chapelle souterraine, appelée Crypte (1), dédiée à la sainte Vierge, fut construite dans ces catacombes, sous le maître-autel ;

---

(1) Cette chapelle avait deux entrées, l'une à droite, l'autre à gauche du chœur, qui ont été murées en 1758. Les jours de dimanches et de fêtes, la procession du chapitre entrait dans le crypte pour y chanter des antiennes en l'honneur de la sainte Vierge et de saint Etienne. (Beschefer, *Annotationes ad Galliam christianam.*) Actuellement les catacombes n'ont qu'une entrée, en face de la chapelle de la Sainte-Vierge.

les chanoines du second ordre, à qui elle était spécialement réservée, y vinrent, dit-on, pendant un temps réciter l'office divin.

835.

On a cru (1), mais sans autorité, que la cathédrale fut détruite en 835, lors d'un incendie qui aurait ravagé la plus grande partie de la ville de Châlons, pendant les guerres de Lothaire.

Ce qui a donné lieu à cette méprise, c'est sans doute l'incendie qui consuma, dans le IXe siècle, la cathédrale de Châlons-sur-Saône (dédiée aussi à saint Vincent et à saint Etienne), lorsque Lothaire, en haine du comte Warin qui avait délivré Louis-le-Débonnaire de la persécution de ses enfants, détruisit cette ville par les flammes (2).

Il ne nous reste aucun document historique digne de foi qui nous apprenne que la cathédrale de Châlons-sur-Marne eut le même sort.

859. 875.

« Vers l'année 859 (3), le chapitre de l'église cathédrale de Châlons, à l'aide des présents de Charles-le-Chauve (4), et principa-

(1) Voyez Buirette de Verrières, introduction, p. 61.

(2) Voyez *Bibliothèque sacrée*, par Richard et Giraud, religieux de l'ordre de saint Dominique, tome XXVIII, page 229.

(3) M. J. Garinet, ouvrage déjà indiqué, pages 27 et 28.

(4) Charles-le-Chauve fit rendre à la cathédrale de Châlons les biens qui lui avaient été précédemment enlevés, et lui en donna de nouveaux. Les chartes de ces donations et restitutions se voient dans un recueil fait par un nommé Varin, grand-chantre de l'église Saint-Etienne, en 1147. Ce dignitaire du chapitre les avait copiées sur les originaux, qui n'existent plus. M. J. Garinet a cité ces chartes dans les notes de son *Histoire de la Cathédrale de Châlons et de son Chapitre*, où on peut les voir.

lement de la reine Hermentrude, fit construire le petit portail latéral du septentrion, et la tour qui y est adossée. En dehors de la cathédrale, et au chevet de l'église, on éleva trois chapelles au lieu dit les Sybilles. La chapelle du milieu, qui correspondait à la ligne de l'autel principal, était consacrée à la sainte Vierge; à droite se trouvait la chapelle de saint Etienne, et à gauche, celle de saint Memmie.......................... Le petit portail latéral du septentrion, qui était orné d'une multitude de statuettes, n'est pas celui qui avait été élevé sous le règne de Charles-le-Chauve; il appartient à l'art ogival du XIIe siècle. C'était l'entrée d'honneur des rois, des princes et des évêques.....

« En témoignage de sa reconnaissance pour les nombreux bienfaits du petit fils de Charlemagne et de la reine Hermentrude, le chapitre de Saint-Etienne, à une époque voisine de la mort de ces deux personnages, fit élever à chacun d'eux une statue colossale, au-dessus du petit portail latéral du septentrion.

» Le roi Charles-le-Chauve y était représenté en costume royal, et la couronne en tête; la reine Hermentrude portait les insignes d'une fondatrice, la bourse fermée, en forme de carquois, suspendue à son côté. Ces deux statues ont été brisées à coups de marteaux, au mois de septembre 1792. On doit d'autant plus en regretter la perte que les figures du roi et de la reine étaient deux portraits. Entre autres présents de la reine Hermentrude, on conservait au chapitre de Châlons une croix d'or dans laquelle étaient enchâssées des reliques, et des vases d'argent destinés à être placés sur la table des chanoines dans les jours de grande solennité (1). »

---

(1) Voyez *Gallia christiana*, tom. IX, p. 868, art. Wildebert, où il s'agit de quelques dons de la reine Hermentrude.

931. 963.

Vers l'an 931, la guerre éclata entre Héribert, comte de Vermandois, et Raoul, roi de France. Châlons, dont l'évêque, BOVON II, ou Bono, avait embrassé le parti du comte de Vermandois, fut pris et livré aux flammes par les troupes de Raoul. Il est probable que la cathédrale souffrit beaucoup alors, ainsi qu'en 963, époque où Châlons fut encore la proie d'un terrible incendie. Cette fois, c'était Héribert qui avait pris la ville. Il voulait se venger de l'évêque GÉBUIN Ier, qui avait concouru à faire déposer son fils, élevé à l'archevêché de Reims d'une manière contraire aux canons de l'église.

Gébuin employa tous ses biens, qui étaient immenses, à réparer sa cathédrale, et les désastres de la ville. Ses bienfaits le firent surnommer le Bon, et lui méritèrent cette épithaphe aussi simple que glorieuse pour sa mémoire : « *Hic jacet Gibuinus bonus episcopus.* »

1138.

En 1138, cette église qui, au rapport de quelques historiens, passait dès-lors pour un beau monument, eut à essuyer les ravages du feu du ciel. Elle fut détruite en grande partie, et l'on mit neuf ans à la reconstruire (1).

(1) La *Table annuelle* de l'église de Châlons fait mention de cet incendie.

CHAPITRE IV.

Consécration solennelle de la cathédrale. — Ses embellissements et ses désastres, jusqu'à l'année 1668.

AN 1147.

A la suite de troubles élevés dans Rome, le pape Eugène III (1) s'était réfugié en France.

La cathédrale venait alors d'être relevée de ses ruines. Bathélemy de Senlis, 53ᵉ évêque de Châlons, pria, dans cette circonstance, le Pape d'en venir faire la dédicace solennelle. La cérémonie eut lieu le 28 octobre 1147. Eugène III dédia la nouvelle basilique à la Sainte-Trinité, à la B. Vierge Marie, à saint Etienne premier martyr, à saint Jean-Baptiste et aux saints martyrs Vincent, Valère, Chrysanthe et Darie; et sur les instances du cardinal

(1) Eugène III était un ancien religieux de l'ordre de Citaux, et disciple de saint Bernard dans le monastère de Clairvaux. Il avait gouverné l'abbaye de Trois-Fontaines, dans le diocèse de Châlons, et plus tard celle de Saint-Anastase, à Rome.

Imar, il réserva à l'évêque seul le droit de dire, au grand autel, à la messe, le psaume *Judica me* et le *Confiteor* (1).

Dans cette solennité, le pape était accompagné de dix-huit cardinaux (2), de Barthélemy de Senlis et des évêques de Paris, d'Auxerre, de Nevers, etc. Saint Bernard, qui, peu d'années auparavant, avait refusé l'évêché de Châlons, auquel l'appelaient les suffrages du chapitre de Saint-Etienne et du clergé du Diocèse, fit entendre à cette occasion sa voix éloquente. Ce fut au Jard, vaste et magnifique promenade de la ville, qu'il annonça la parole de Dieu, devant la cour du Souverain Pontife, d'un grand nombre de seigneurs et d'un peuple immense accouru de toutes parts (3).

Un tableau précieux (4), fixé autrefois au premier pilier du chœur, et présentement dans l'ancienne chapelle du *Saint-Lait*, rappelle la consécration de la cathédrale de Châlons. N'est-ce pas

---

(1) Cet usage existe encore aujourd'hui. L'évêque, lors même qu'il n'officie point, va réciter ces prières au bas du grand autel, et en son absence, le célébrant s'arrête pour les dire au bas des dégrés du sanctuaire ; autrefois, c'était devant la porte latérale du chœur, côté sud.

(2) Parmi ces cardinaux se trouvaient Albéric, évêque d'Ostie, et Imar, évêque de Tusculum, aujourd'hui Frascati. Ce dernier était né à Châlons, où une petite rue porte son nom.

(3) Peu de jours auparavant, saint Bernard avait prêché la croisade au même lieu, en présence du roi Louis-le-Jeune, du Pape, de leurs cours et de la noblesse de Champagne. La chaire en pierre dans laquelle la tradition veut qu'il monta a existé jusqu'en 1681. M. Huë de Mirosménil, alors intendant, la fit abattre un jour, de grand matin, avant que le conseil de ville, qui s'était déjà opposé une fois à cette destruction, pût en être averti. (*Mémoires historiques de Champagne*, tom. I, pag. 249.)

(4) Voyez seconde partie.

ici l'occasion de rappeler que cette église, à laquelle se rattachent déjà de si beaux souvenirs, a été appelée *insigne* ? Les priviléges, les dignités dont jouissaient ses évêques (1), les immunités, les prérogatives réservées à son chapitre (2), ont sans doute contribué à lui faire donner cette qualification honorable.

1230.

Sous l'épiscopat de PHILIPPE II, de Nemours de Merville, la cathédrale fut de nouveau ravagée par le feu du ciel, quatre-vingt-trois ans après sa dédicace solennelle. On ne sait pas au juste ce que souffrit le monument de cette nouvelle catastrophe. Si l'on en croit la tradition et quelques manuscrits, l'incendie consuma toute la toiture, calcina la plupart des voûtes, et ne laissa subsister de l'ancien édifice que les murs, les tours, les piliers, le triforium de

---

(1) On sait que, depuis long-temps, plusieurs évêques de Châlons, indépendamment de leur titre de pair du royaume, et des actes qui ont honoré en eux le prélat et le haut dignitaire dans l'ordre civil, ont brillé surtout parmi leurs contemporains, par leur profonde instruction. Nous citerons entre autres Gébuin Ier (an 947) ; Guillaume Ier de Champeaux (1113), qui eut Abeillard pour disciple et pour antagoniste et qui laissa plusieurs écrits; Jérôme Burgensis, appelé communément de Burges (1556), ambassadeur de Charles IX au Concile de Trente. Nous pourrions encore en citer d'autres qui se sont distingués autant par leur savoir que par leurs éminentes vertus.

(2) Il était riche, nombreux, et comptait souvent des évêques, de archevêques et des cardinaux parmi ses membres. On aime aussi à ses rappeler qu'à ce chapitre ont appartenu Beschefer, de Châlons, connu par son érudition et ses écrits; de Boulogne, d'Avignon, chanoine, archidiacre et vicaire-général, que ses ouvrages et ses talents avaient fait élever à l'évêché de Troyes sous l'empire, à l'archevêché de Vienne et à la pairie sous la restauration, et enfin d'autres vicaires-généraux ou chanoines, moins connus, il est vrai, mais qui ont laissé de précieux souvenirs.

la croix ou transept : quant à celui de la grande nef, il fut alors fort maltraité par le feu, et l'on fut obligé d'en reconstruire un nouveau : c'est probablement celui que nous voyons aujourd'hui.

Quelque aient été les constructions nouvelles occasionnées par l'incendie, on pense généralement que Saint-Etienne n'a rien perdu de son plan primitif.

Philippe de Nemours fit tout ce qui était en son pouvoir pour réparer le désastre de sa cathédrale. Après l'avoir rétablie, il lui fit de magnifiques présents ; nous citerons entre autres une belle cloche, une table d'or pour le maître-autel, semblable à celle que l'abbaye de Toussaint et Notre-Dame de Châlons ont possédée depuis.

Les libéralités de ce prélat ne se bornèrent pas à sa cathédrale. Au mois de décembre 1234, un grand débordement des eaux suivi d'une forte gelée, détruisit une partie des murs de l'église Notre-Dame. Philippe de Nemours montra le plus grand zèle à son rétablissement (1); il encouragea les peuples à concourir à cette œuvre, par les grâces spirituelles qu'il promettait à tous ceux qui y prendraient part, et par la générosité dont il donna lui-même l'exemple.

---

(1) *Mémoires concernant les évêques et la ville de Châlons-sur-Marne.* La nouvelle bibliothèque du chapitre de la cathédrale est en possession de la 1re partie de ce manuscrit, qui m'a servi pour quelques autres indications. Ces mémoires contiennent, il est vrai, des inexactitudes, mais une main autre que celle qui a écrit la traduction réforme quelquefois en marge, les assertions hasardées de l'auteur, et renvoie le lecteur aux sources. D'ailleurs, cet ouvrage, qui passe pour être en partie la traduction d'un autre manuscrit possédé autrefois par le chapitre, et qu'on dit avoir disparu depuis 1753, contient un grand nombre de pièces intéressantes, telles que les bulles de plusieurs papes, les chartes de quelques rois de France, de Charlemagne, de Charles-le-Chauve en particulier, et les dispositions de beaucoup d'évêques de Châlons.

1453.

A cette époque, GEOFFROI III, SOREAU, 78e évêque de Châlons, fit généreusement la dépense nécessaire pour procurer des stalles à sa cathédrale. Elles étaient d'un style simple, mais noble. Il fit aussi présent de belles colonnes pour décorer le maître-autel : ce ne sont point celles que nous voyons aujourd'hui, elles ont disparu lors de l'incendie de 1668, que nous rapporterons plus bas.

Soreau fit bâtir un évêché (1) en face du grand portail de la cathédrale ; une maison à part était devenue nécessaire pour les évêques, depuis que les chanoines de Saint-Etienne avaient cessé de mener avec eux la vie de communauté.

1520.

L'an 1520, GILLES de Luxembourg (2) devenu évêque de

(1) Cette maison épiscopale s'écroula en 1709, par suite de fortes gelées ; sous l'épiscopat de Gaston de Noailles, en 1720, on avait commencé à la reconstruire sur le dessin de l'ancienne abbaye de Saint-Pierre-au-Mont. L'édifice ne fut point achevé, et plus tard les bâtiments commencés furent démolis.

Les évêques de Châlons ont habité aussi, mais provisoirement, la maison adosssée au sud de la cathédrale, servant actuellement de presbytère, et dont l'architecture n'a rien de remarquable : leur résidence ordinaire était le château de Sarry, qui n'existe plus, et le grand-séminaire, où ils avaient leur appartement.

(2) Le nom illustre de cet évêque rappelle celui du cardinal Pierre de Luxembourg, qui se montra généreux envers les pauvres et attentif à orner les lieux consacrés à la religion. Il fut appelé à l'évêché de Metz en 1383, et mourut en odeur de sainteté, en 1387. Le pape Adrien VI le mit au rang des bienheureux en 1527.

Châlons, où il avait été auparavant doyen de Saint-Etienne, montra le zèle le plus vif pour l'embellissement de sa cathédrale. Il y fit élever, sur la tour du nord, une flèche qui était un des plus beaux ornements de la basilique (1). Elle était en bois, recouverte de plomb comme tout le reste de l'édifice, et enrichie de dorures. Elle avait, selon Buirette de Verrières (2) 48 toises de hauteur, outre celle de la tour sur laquelle elle portait, et passait pour la plus haute de France.

Suivant l'obituaire de Saint-Etienne, Gilles de Luxembourg donna encore à sa cathédrale trois calices en vermeil, plusieurs ornements sacerdotaux en drap d'or, ainsi que la belle croix que l'on portait aux processions générales. Enfin, suivant un manuscrit, il légua à la fabrique 700 écus d'or, pour faire réparer la châsse de saint Louvent.

1624. 1628.

En 1624, sous l'épiscopat de Henri CLAUSSE (3), la cathédrale fut augmentée en longueur de deux travées, ce qui nécessita la

---

(1) Il n'est point douteux que cette flèche n'ait été construite sur la tour du nord. Indépendamment de quelques documents historiques, il suffit, pour s'en convaincre, d'examiner la position qu'on lui donne sur les vieux dessins qui représentent la cathédrale, et dans les plans de l'ancien Châlons, que l'on voit, entre autres, à l'hôtel-de-ville. La tour parallèle avait une flèche bien moins élevée.

(2) *Annales historiques de la ville et comté-pairie de Châlons.* Introd., pag. lxiij.

(3) Henri Clausse était neveu de Cosme Clausse, son prédécesseur immédiat, qui laissa, le 15 mars 1624, un fonds de 20,000 livres, pour faire apprendre des métiers à des enfants de l'un et l'autre sexe appartenant à des familles honnêtes, mais pauvres de Châlons. Cette donation a été respectée

construction d'un nouveau portail à l'ouest. L'ancien consistait en une façade limitée par les faces latérales de l'édifice (1), et dont l'ornementation n'était pas, dit-on, sans mérite.

Le nouveau portail fut élevé en 1628. Il est imposant de loin, mais le dessin et les détails ne satisfont pas les connaisseurs.

La dépense de ces travaux ne s'éleva, pour la main-d'œuvre, qu'à 32,900 livres (2) : selon une tradition orale, un dignitaire de Saint-Etienne (3) dont le nom n'est pas bien connu, guidé en cette occasion par des motifs tout particuliers, fit une grande partie des frais, auxquels contribua largement la fabrique du chapitre, qui avait alors de grandes ressources, et qui désirait depuis long-temps donner de plus vastes proportions à la cathédrale.

---

par la révolution, grâce à la vigilance de l'administration des hôpitaux de cette ville. Depuis le rétablissement du siége épiscopal de Châlons (1824) jusqu'à présent, 1,200 livres de rente, provenant des fonds légués par Cosme Clausse et par quelques autres personnes charitables, subviennent, chaque année aux frais de trente-six mises à métier qui sont à la nomination de Mgr l'évêque.

(1) Les églises de Saint-Alpin et de Saint-Jean de cette ville offrent encore des portails de ce genre. Il y avait, dit-on, un porche profond à celui de Saint-Etienne, presque semblable à celui du portail latéral de Notre-Dame.

(3) M. Chalette, *Essai chronologique et statistique du canton de Châlons.* Cent soixante-et-un ans auparavant, en 1469, la main-d'œuvre, pour le portail de Notre-Dame, coûta 325 livres seulement.

(3) Quelques personnes voient dans ce dignitaire l'évêque Henri Clausse. Ce prélat, disent-ils, résolut d'agrandir la cathédrale, afin de comprendre dans son enceinte le tombeau de Cosme Clausse, son oncle, pour lequel il était rempli de vénération, et qui avait voulu, par humilité, être enterré au parvis de l'église. Cette explication paraît la plus plausible.

CHAPITRE V.

La cathédrale est incendiée par le feu du Ciel. — Désastres causés par cet incendie. — Embellissements successifs jusqu'en 1793.

AN 1668.

Le 19 janvier 1668, vers les 6 heures du soir, la cathédrale eut encore à essuyer les ravages d'un incendie. Le feu du ciel consuma entièrement la belle flèche de Gilles de Luxembourg, dont les débris enflammés, tombèrent sur la voûte du sanctuaire et la firent crouler. Le feu se communiqua à la charpente de la toiture, dont il n'épargna aucune partie; les cloches fondirent, ainsi que le plomb qui recouvrait l'église (1), et le métal embrasé, coulant de toutes parts, empêchait de porter de prompts secours à l'édifice en flammes (2). L'autel, plusieurs châsses

(1) C'est depuis cette époque seulement que la cathédrale est couverte en ardoises.

(2) M. Pierre de Bar, prêtre, chanoine de Saint-Etienne, montra, en cette occasion, un courage digne des plus grands éloges : il s'élança au milieu des flammes pour enlever les saintes Hosties et sauver les vases sacrés. Deux religieux récollets périrent, dans cet incendie, victimes de leur dévouement.

de Saints, et le beau jeu d'orgues, qui, selon toutes les apparences, était alors dans le bras sud du transept, furent détruits en même en temps.

M. Vialart de Herse, 86ᵉ évêque de Châlons, qui, pendant cet incendie, s'écriait qu'on sauvât l'église et qu'on ne s'occupât point du danger que courait l'évêché, ne négligea rien pour réparer ces désastres. Il vendit, à cet effet, plusieurs maisons considérables qu'il possédait à Paris et dont il tirait un grand revenu; il se défit même des meubles précieux qui ornaient, dans son palais, la pièce destinée à recevoir les personnes de la plus haute distinction. Louis XIV, les églises les plus riches du diocèse et celles des contrées voisines, suppléèrent à ce qui manqua. C'est ainsi que M. Vialart se vit en état de rétablir sa cathédrale et même de faire travailler à de nouveaux embellissements.

C'est à la libéralité de ce prélat que Saint-Etienne doit ses deux belles flèches qui s'élèvent à 25 mètres au-dessus des tours qui les supportent.

M. Vialart s'attacha également à orner l'intérieur de sa cathédrale : il y fit construire un jubé avec deux chapelles fort riches, aux deux côtés de la grande porte du chœur, dédiées l'une à la sainte Vierge (1) et l'autre à saint Joseph. Il fit aussi construire d'autres chapelles, et il est à observer qu'on ne connaît positivement, comme ayant existé, à l'intérieur de l'église, avant son épiscopat, que celles du *Saint-Lait* et de *Jésus souffrant*, dont le style indique l'époque de la renaissance; ainsi que deux autres, placées dans le rez de chaussée des

(1) On voyait, nous dit-on, dans cettte chapelle, une belle statue de la Sainte-Vierge, qu'on attribuait à Le Pautre, sculpteur distingué.

tours (1). La chapelle qui est actuellement dédiée au Sacré-Cœur doit aussi, à en juger par son style, être antérieure à M. Vialart. Celui des autres chapelles indique assez le XVIIe siècle, et leur défaut de symétrie porte à croire qu'elles ont été faites par des dons particuliers.

C'est par les soins de M. Vialart que furent élevées les trois chapelles du rond-point, placées derrière le sanctuaire (2). On les nomme *chapelles des Sybilles*, parce qu'elles furent bâties sur un jardin qui portait ce nom, et dont le chapitre était en possession avant 1793.

Enfin, c'est à ce prélat qu'on doit les quatre piliers ronds qui soutiennent la voûte du sanctuaire, dont l'architecture n'est point en harmonie avec le reste de l'édifice; ils remplacent quatre gros piliers fort endommagés par le feu (3).

Pour faire face à de si étonnantes dépenses, M. Vialart avait trouvé des secours, surtout dans les largesses qui lui furent faites à l'occasion du mariage de Monsieur, frère unique de Louis XIV, qu'il fut appelé à bénir en 1671, et de celui de son fils le Dauphin, qui épousa en présence du roi, dans la cathédrale de Châlons,

---

(1) La chapelle de la tour du sud était appelée *Chapelle des Cloches*, et l'autre, *des Chapelains*. Elles sont abandonnées depuis fort long-temps.

(2) Ces chapelles remplacèrent celles qui furent bâties au même lieu sous Charlemagne, en 859, comme nous l'avons vu, p. 19. On pénétrait dans les anciennes à l'extérieur de la cathédrale, dont elles ne faisaient pas partie, et avec laquelle elles n'avaient point de communication.

(3) Avant M. Vialart, les bas-côtés de l'église ne se prolongeaient pas autour du sanctuaire. Ils se terminaient au second pilier de l'abside.

le 16 mars 1680, la princesse Anne-Marie-Christine de Bavière (1).

La libéralité de M. Vialart ne s'en tint pas là. Il fit rétablir le jeu d'orgues que l'incendie avait détruit ; il donna à sa cathédrale de magnifiques vases sacrés et plusieurs habits sacerdotaux d'une grande richesse, entre autres un ornement violet complet, brodé d'argent, dont il fit enlever par modestie son chiffre et ses armes, qu'on y avait placés à son insu.

M. Vialart employa un patrimoine de 800,000 livres et les revenus de son évêché, joints aux dons généreux de sa mère, aux libéralités de Louis XIV, à faire des dépenses dignes d'un roi, à tirer la cathédrale de ses ruines, à la restaurer, à l'embellir, à

---

(1) Santeuil, qui a enrichi nos offices de si belles hymnes, s'empressa de célébrer cette glorieuse circonstance par deux inscriptions qu'on voyait, l'une à la porte principale de la cathédrale, l'autre à l'entrée du chœur : la première rappelle l'incendie de 1668 et les libéralités de Louis XIV à cette occasion. Nous donnons ici ces inscriptions, ainsi que la traduction en vers français, par Buirette de Verrières, toute médiocre qu'elle est.

Inscription à la porte d'entrée.

De cœlo subitus quam fortè absumpserat ignis,
Illam, Magne, tuis reparatam sumptibus ædem,
Ingredere, ô princeps : alti domus illa tonantis,
Quàm flammâ meliore ardet ! Cum lapsus Olympo,
Pro fausto augurio, pro regificis hymenæis
Divus amor tædis socialibus intulit ignes.

Traduction.

A la foudre, à ses coups ce temple fut en proie,
Mais ta main, ô grand roi, lui rendit sa splendeur.
Dans ce séjour sacré viens accroître la joie
Qui renaît de l'éclat d'un feu consolateur.

élever peu après une belle et vaste maison pour les aspirants au sacerdoce; enfin, à soulager les pauvres, en faveur desquels il vendit sa vaisselle d'argent et se dépouilla de ce qui lui restait encore après les immenses sacrifices qu'il s'était déjà imposés.

1686.

Son successeur, M. Louis-Antoine de NOAILLES, fit construire le maître-autel à la romaine, qui passe pour un des plus beaux du royaume. Nous devons cependant dire que M. Vialart avait mis quelques fonds en réserve pour cet objet, et que Louis XIV, passant par

---

Oui, descendu du ciel, l'amour divin lui-même,
Associant sa flamme aux plus augustes nœuds,
A ce royal hymen attache son emblême,
Et devient le garant de ses destins heureux.

Inscription à l'entrée du Chœur :

Quem subversæ arces, quem diruta mœnia nuper
Terribilem Lodoicum, armis spoliisque superbum
Excepêre, sacras hic supplex intrat in ædes,
Pacificus victor (manibus date lilia plenis)
Æternam firmat dotali hoc fœdere pacem.

Traduction.

Ce roi que suit partout l'épouvante et la gloire,
Que sur tant de débris couronne la victoire,
Si terrible aux combats, si doux dans les succès,
Louis vers ces autels s'ouvre un modeste accès.
D'un vainqueur bienfaisant parons le front sublime
Des lis que fit germer sa vertu magnanime.
L'hymen sert son grand cœur, lorsque des liens chers
Eternisent la paix qu'il donne à l'univers.

Châlons en 1681, donna 101 louis d'or pour contribuer à la dépense de l'autel et des colonnes qui soutiennent au-dessus le magnifique baldaquin que nous voyons (1).

M. de Noailles fit aussi élever, à l'entrée du sanctuaire, un trône épiscopal, de même marbre que l'autel, remarquable par la beauté de son travail.

Les dons les plus généreux signalèrent son épiscopat : il fut libéral lorsqu'il s'agit d'embellir sa cathédrale, comme quand les malheureux poussèrent des cris de détresse. En 1689, il porta des secours abondants à des prisonniers de guerre internés à Châlons : il les visitait souvent, et c'est au milieu d'eux qu'il fut atteint de la cruelle maladie qui les décimait et qui faillit le conduire lui-même au tombeau.

Peu après, Louis XIV, instruit de ses libéralités et de son dévouement, le nomma à l'archevêché de Paris.

1723. 1733.

Sous l'épiscopat de M. DE SAULX DE TAVANNES, le chapitre fit démolir, en 1723 (2), les anciennes portes latérales du chœur, et les remplaça par deux autres ornées de belles sculptures. Les grilles en fer qui les fermaient furent données par M. Lemaître de Paradis, chanoine, vicaire-général, archidiacre de Saint-Etienne et abbé commandataire de Toussaints.

---

(1) Au ciel du baldaquin il y a une petite poulie qui servait à suspendre journellement le Saint-Sacrement, et l'exposer ainsi à l'adoration des fidèles. Cet ancien usage existe encore à Reims et dans d'autres villes.

(2) Les détails, depuis 1723 jusqu'à 1769, ont été puisés dans un manuscrit que nous n'avons pas encoré cité ; il est rédigé avec soin, quoique d'un style incorrect ; il a pour titre : *Catalogue des évêques de Châlons.*

En 1733, le chœur fut pavé en marbre : ce fut M. de Saulx de Tavannes qui, peu de temps avant d'être transféré à l'archevêché de Rouen, où il reçut le chapeau de cardinal, fit les frais de ce pavage et des degrés en marbre qui conduisent au sanctuaire. Ses adieux furent ainsi un acte de munificence.

1753.

Le chapitre de Saint-Etienne fit construire un grand jeu d'orgues, qui fut placé dans une tribune adossée au portail principal. M. de Choiseul de Stinville, parent de l'évêque de Châlons, fit généreusement une partie de la dépense.

1758.

Derrière le maître-autel à la romaine, entre les deux derniers piliers du rond-point, était un autre autel sous lequel reposaient, dans de belles châsses, les reliques de saint Alpin, saint Louvent, etc. En 1758, on le démolit pour faire place à une grille en fer d'un fort beau travail, et on environna tout le sanctuaire de grilles semblables. M. Lemaître, qui s'était chargé de la dépense, changea en même temps les grilles qu'il avait mises en 1723 aux portes latérales du chœur, pour les remplacer par de plus riches, qui fussent en harmonie avec celles du sanctuaire.

1759.

On démolit en 1759 le trône épiscopal élevé en 1686 par M. L.-A. de Noailles. Le maître-autel fut reculé de sept pieds vers le fond du rond-point; un grand tabernacle y fut construit par derrière, pour y déposer les châsses, qui étaient auparavant sous l'autel (1) démoli. Les degrés du sanctuaire, qui s'avançaient jusqu'au milieu de la travée du transept furent reculés jusqu'aux piliers qui forment l'angle oriental des bras de la croix, afin de pouvoir agrandir les portes latérales du chœur. Les grilles de ces portes, ainsi que celles du sanctuaire, furent dorées aux frais de M. Lemaître.

Enfin, la même année, Memmie Hocart, chanoine doyen de Saint-Etienne et vicaire-général, donna par testament une somme de 15,000 livres pour faire refondre deux grosses cloches qui étaient félées; ce qui fut exécuté l'année même de sa mort.

1760. 1762.

M. DE CHOISEUL BEAUPRÉ, successeur de M. de Tavannes, fit présent à la cathédrale de six grands chandeliers et d'une belle croix pour l'ornement de l'autel. Ils étaient de vermeil et coûtaient 7,000 livres.

On pava, en 1762, tout le chœur en carreaux de marbre blanc et noir, disposés en losanges.

1763.

M. Lemaître, dont la libéralité était inépuisable, contribua à la décoration de plusieurs chapelles, fit dorer à ses frais le baldaquin du grand autel, orna de marbres la base des piliers du sanctuaire, et donna de riches consoles, que nous voyons encore, ainsi que bien d'autres objets qui ont disparu.

1769.

Un ouragan terrible fit tomber, en 1769, la rose du portail sud,

(1) Nous pourrions également dire *sur l'autel*, car il y avait aussi, dit-on, des châsses sur cet autel.

qui était, à ce qu'on croit, d'un travail presque aussi beau que celle du portail nord. Une rose en fer, d'un très-mauvais effet, remplaça celle qui était tombée.

M. DE JUIGNÉ (1), 91e évêque de Châlons, fit, à cette époque, présent à sa cathédrale d'un gros bourdon et de quelques magniques ornements, indépendamment des sacrifices qu'il s'imposa généreusement pour la construction du séminaire.

Sous son épiscopat on commença à orner le chœur de belles stalles (2) qui devaient bientôt disparaître au milieu de la révolution. Elles étaient surmontées chacune d'un panneau sculpté avec goût : une colonne cannelée, d'ordre corinthien, s'élevait entre deux stalles contigües, en séparait les panneaux, et soutenait au-dessus un acrotère parsemé de fleurs de lis disposées en quinconce. La série de ces stalles s'étendait depuis le jubé jusqu'aux portes latérales du chœur, où elle se terminait, de chaque côté, comme encore actuellement à Notre-Dame de Paris, par une chaire épiscopale semblable et d'un beau travail.

Les besoins des pauvres fixèrent aussi l'attention de M. de Juigné, que sa piété profonde, sa sagesse éminente, son esprit de conciliation, firent élever à l'archevêché de Paris en 1781.

---

(1) C'est pendant l'épiscopat de M. de Juigné que l'on reconstruisit le grand séminaire sur l'emplacement de celui qu'avait élevé M. Vialart de Herse, et qui alors menaçait ruine. Ce magnifique bâtiment est en ce moment occupé par l'école royale des arts et métiers.

(2) M. de Juigné y contribua pour 20,000 francs. Devenu archevêque de Paris, ce prélat n'en continua pas moins à remplir les engagements qu'il avait pris à cet égard. Nous nous faisons un devoir d'ajouter que M. de Clermont-Tonnerre, son successeur immédiat, promu, sous la restauration, à l'évêché de Toulouse et au cardinalat, attacha, ainsi que son chapitre, le plus vif intérêt à continuer les travaux entrepris à la cathédrale par son illustre prédécesseur.

CHAPITRE VI.

Etat de la Cathédrale depuis la Révolution française jusqu'en 1842.

L'église Saint-Etienne fit d'immenses pertes à l'époque de la révolution. Elle fut alors dépouillée du grand et du petit orgue (1), des tableaux qui décoraient son intérieur ; en un mot, de la plus grande partie de ses ornements. Les stalles furent enlevées, les vitraux brisés, la plupart des autels mutilés et vendus à vil prix, les vases sacrés et les vêtements sacerdotaux, qui étaient d'une grande richesse, profanés et arrachés du trésor de la sacristie. On démolit la tribune du grand orgue, on enleva le magnifique pavage et les grilles du chœur ; celles des chapelles et du sanctuaire eurent le même sort.

Les dévastateurs arrachèrent tout ce qu'il fut possible de déplacer ; ils mutilèrent les statues, les bas-reliefs, les tombeaux ; ils n'épargnèrent que ce qu'ils ne pouvaient faire disparaître sans craindre de faire crouler l'édifice sur eux.

(1) Le petit orgue dont nous parlons était placé, comme nous l'avons appris de témoins oculaires, dans la partie inférieure de la tour du sud, derrière le trône épiscopal actuel : il servait à accompagner le chant ; il était auparavant au milieu du chœur.

Enfin, pendant le règne de la terreur, la basilique fut exposée à de déplorables dégradations : on y plaça successivement du salpêtre, du foin, des chevaux.

1802.

C'est après ces profanations que la cathédrale fut rendue au culte : elle ne fut plus alors qu'une église paroissiale.

A l'époque du concordat de Pie VII, l'autorité ecclésiastique, de concert avec la municipalité et le département, fit tout ce qui était en son pouvoir pour en effacer les ruines. On avait commis d'immenses dégâts, il restait d'immenses réparations à faire; et quarante ans depuis lors ont à peine suffi, non pas pour rendre la basilique à sa splendeur primitive, mais pour réparer les murs, les voûtes ébranlées, les autels mutilés, pour rétablir son dallage, autrefois si régulier, et qui n'est plus composé maintenant que des débris de magnifiques pierres tumulaires.

C'est en 1802 que la chapelle de la sainte vierge fut ornée de la belle boiserie qu'on y voit, et qui provient de la communauté des Dames de Louvois, en Brie.

Peu d'années avant cette époque, on avait démoli le jubé élevé par M. de Vialart de Herse. Cette perte fut regrettée au rétablissement du culte catholique (1).

1802.

La tribune et les deux jeux d'orgues avaient disparu pendant la révolution, ainsi que nous l'avons dit : on songea à les rétablir ;

---

(1) Le style grec de ce jubé, qui du reste avait son mérite, le mettait en désaccord avec l'édifice. On voit une partie de ses débris dans le crypte.

mais on ne put acheter qu'un orgue de mince apparence : on le plaça dans une tribune adossée au grand portail, où il est encore. Pour subvenir aux frais de cette tribune et des orgues, on employa le prix des matériaux de l'ancienne sacristie des chanoines, qui fut alors démolie. Il est malheureux qu'on n'eut point alors de ressources suffisantes pour la restaurer et éviter ainsi une démolition que l'on crut nécessaire par l'état de ruines où elle était sur le point de se trouver. Cette sacristie, bâtie à l'extérieur, au sud, entre la salle capitulaire actuelle et le bras droit de la basilique, était surmontée de plusieurs grandes salles destinées aux archives du chapitre. Ses fondations présentaient, dit-on, un caractère d'ancienneté que n'avaient pas les murs à fleur de terre. Il ne reste d'autres vestiges de cette sacristie, que la porte qu'elle avait dans l'église, sur la face ouest du bras sud du transept. Cette issue est présentement murée.

On appelait ce bâtiment, qui a disparu, le *Temple des Sybilles* ; les anciens de la ville lui donnent encore cette dénomination ; et s'il faut en croire de vieilles traditions, cette sacristie était bâtie sur les ruines du temple des Sybilles, probablement sur le lieu où elles rendaient leurs oracles.

1814.

Pour retarder la marche des troupes étrangères qui se dirigeaient sur la capitale, les officiers du génie français minèrent et firent sauter l'arc de triomphe que la ville de Châlons avait élevé à Napoléon, dans le faubourg de Marne, non loin de la cathédrale (1). L'explosion eut lieu le 5 février ; elle fut terrible. Les

(1) Les beaux ornements de cet arc de triomphe, ses bas-reliefs et ses colonnes, étaient des débris de la belle église de Sainte-Marie, qui s'élevait sur l'emplacement du jardin du grand séminaire actuel.

voûtes de Saint-Etienne en furent ébranlées, la plupart des vitraux brisés, et le grand portail, dont le surplomb est si manifeste à la partie supérieure, reçut une commotion qui dut ajouter à son mauvais état et à celui de tout l'édifice.

1821.

Les flèches en pierre que M. Vialart de Herse avait élevées en 1668 menaçaient de s'écrouler. On les démolit et on les reconstruisit sur les mêmes dessins en 1821, aux frais de l'état, du département et de la ville de Châlons. Le ministère de l'intérieur accorda 10,000 francs, le département alloua 40,000 francs et la ville 10,667 francs. Il faut encore ajouter à ces diverses sommes celle de 2,146 francs provenant de la vente des matériaux des anciennes flèches. M. le vicomte de Jessaint, préfet de la Marne, prit un vif intérêt à ces travaux importants.

1824.

Mgr de PRILLY, qui a pris possession du siége de Châlons en février 1824, a fait à sa cathédrale, depuis le commencement de son épiscopat jusqu'à nos jours, les dons les plus généreux. Mais que de besoins encore! Que de réparations inachevées! Que de mutilations non restaurées!

La fortune d'un particulier, les dons des fidèles, les ressources très-bornées de la fabrique, ne peuvent faire face à des dépenses urgentes, à des besoins sans cesse renaissants, résultat nécessaire de la perte que l'église Saint-Etienne a faite, à l'époque de la révolution, de ses biens déclarés nationaux, mais dont quelques-uns ne sont point encore vendus (1). La fabrique de la métropole de Reims,

---

(1) Il en reste pour un revenu annuel d'environ dix mille francs, provenant des bois de Trépail; [illegible]. On fait

celle de la cathédrale de Strasbourg, etc., ont recouvré les leurs en partie (1) : il serait à désirer, dans l'intérêt de l'édifice et du service divin, que la cathédrale de Châlons eût le même avantage.

Mgr de Prilly, son clergé, son chapitre, les habitants de la paroisse, se sont réunis en 1825 pour remettre plusieurs cloches qui manquaient, relever et embellir des autels en ruines, fournir des ornements nécessaires au culte. Mais c'est à Monseigneur, en particulier, que la cathédrale doit la belle boiserie de la sacristie, la tribune de l'orgue qui remplace l'ancienne dont l'aspect était en désaccord avec la beauté de la basilique, le trône épiscopal, le banc-d'œuvre qui fait face à la chaire, le tabernacle et l'exposition du maître-autel, un riche ornement complet en drap d'or et plusieurs autres, ainsi qu'un magnifique ostensoir en vermeil, d'un travail délicat., etc.

Mgr l'évêque a fait aussi dorer à ses frais le baldaquin qui couronne le grand autel, et il s'est déjà imposé de nouveaux sacrifices pour subvenir dans quelque temps aux frais des stalles et des grilles du chœur, qui en est presque entièrement dépourvu.

Nous ne dirons pas ici tout ce que Mgr a donné en outre pour ses établissements diocésains.

---

encore des recherches pour connaître d'une manière précise si ces biens étaient possédés par la fabrique exclusivement, ou par le chapitre seulement ou enfin par le chapitre et la fabrique conjointement. Je dis *conjointement*, parce que le revenu d'environ neuf canonicats auxquels on avait cessé de nommer bien avant la révolution, était réuni aux fonds de la fabrique, spécialement consacrés à la restauration et à l'embellissement de la cathédrale.

(1) Un décret du 13 ventôse, an XII (6 mars 1805), déclare appartenir aux fabriques des nouvelles cathédrales, les biens non aliénés que possédaient, avant 1793, les fabriques de ces mêmes cathédrales; que ces biens soient situés ou non, aux termes d'un décret du 31 juillet 1806, dans la circonscription des nouveaux diocèses.

En 1839, 1840 et 1841, des travaux importants ont été exécutés dans la cathédrale. Le Gouvernement a fait reconstruire dans toute son étendue la voûte de la grande nef, qui menaçait ruine.

Mais il reste à faire des travaux non moins nécessaires, à achever les réparations des toitures, à empêcher la chute du portail sud qui menace ruine et dont l'état de dégradation s'est toujours accru depuis le terrible ouragan de 1769. Il reste à prendre les moyens d'empêcher que le surplomb du portail principal n'augmente, ou plutôt à reconstruire entièrement cette façade, dont le moindre défaut est d'être en désaccord avec les autres parties de la basilique. Il faut aussi restaurer le portail nord, le plus beau sous le rapport de l'architecture, dont la mutilation fait peine à l'homme de l'art, attriste l'homme religieux, et établit un contraste affligeant entre la cathédrale de Châlons et d'autres basiliques, où presque toutes les ruines ont disparu, où les statues mutilées ont été réparées. Ajouterons-nous encore que plusieurs chapelles sont privées de leurs autels?

Espérons que peu à peu toutes ces traces de dévastations disparaîtront. Les amis de la religion et des arts, qui voient avec bonheur nos vieilles basiliques se relever de leurs ruines, appellent ce moment de tous leurs vœux.

SECONDE PARTIE.

DESCRIPTION DE LA CATHÉDRALE DE CHALONS-SUR-MARNE.

Idée générale du Monument.

La cathédrale de Châlons est riche en souvenirs; elle est riche aussi en architecture.

On peut la classer parmi les monuments religieux du second ordre; son extérieur, qui ne présente pas un style uniforme, ne lui assigne que ce rang, malgré ses grandes faces ogivales et son portail latéral du nord, vraiment remarquables.

A l'intérieur, où sans doute l'œil de l'artiste découvre quelques irrégularités, la nef principale rivalise avec celles des plus belles basiliques de France, par une hardiesse de construction et une délicatesse de formes peu ordinaires. Ses nefs latérales, quoique d'un mérite inférieur, sont cependant élégantes et légères; et les bas côtés de l'abside, dont les voûtes se perdent avec une sorte de mystère dans celles du rond-point, offrent de loin un beau coup-d'œil.

Le plan général de la basilique présente la forme d'une croix latine : le sommet en est tourné vers l'orient. Tangentement à la face *est* de chacun des bras de la croix, s'élève une tour quarrée, et chaque tour est surmontée d'une flèche semblable, en pierres taillées à jour.

Les matériaux employés à la construction de la cathédrale ne sont pas généralement d'une excellente qualité. Nous dirons encore avec regret que tout le côté nord du monument est obstrué par des maisons qui lui sont presque adossées. Ces constructions lui ravissent son coup-d'œil à l'extérieur, cachent une partie de son plus beau portail, et, ce qui est plus malheureux encore, l'exposent à des dégradations imprévues.

Il serait donc important qu'on pût acheter alentour quelques mètres de terrain, pour obvier à des inconvénients si graves.

Après cet aperçu général, donnons les principales dimensions de la basilique, tant à l'extérieur qu'à l'intérieur.

Plan.

Longueur totale extérieurement	96m	40
Largeur prise aux transepts, extérieurement	49	60
— prise au milieu de la nef, extérieurement.	29	50
Longueur totale intérieurement	90	30
Largeur prise aux transepts, intérieurement	40	70
— prise au milieu de la nef, intérieurement.	28	60
Largeur de la grande nef entre les piliers	10	05
— des nefs latérales entre les piliers	4	50
— du bas de la croix	9	00
Longueur du sanctuaire	16	00
Longueur du chœur	19	40
— des nefs jusqu'aux transepts	53	50

Élévation.

Hauteur du portail principal	37	40
Largeur du portail principal	30	50

Hauteur des portails latéraux.................	28	33
Largeur des portails latéraux.................	12	10
Hauteur des tours........................	38	66
Largeur des tours........................	7	00
Hauteur des flèches, y compris les tours........	63	00
Largeur prise à leur base....................	5	50
Hauteur des voûtes de la grande nef............	27	08
Hauteur des voûtes des nefs latérales...........	16	23

CHAPITRE PREMIER.

Extérieur de la Cathédrale.

---

§ 1er. PORTAILS.

On entre à Saint-Etienne par trois portails ; l'un à l'*ouest*, à l'extrémité de la grande nef ; les deux autres au nord et au sud, à l'extrémité de chacun des bras du transept.

1° *Portail principal* (ouest).

Ce portail, dont l'architecture rappelle le XVIIe siècle, est en désaccord, à cause de son style grec, avec le style gothique de la plupart des autres parties de l'édifice. Il est divisé dans sa hauteur en deux étages surmontés d'une baie archivoltée dont les pieds droits sont ornés de cartouches renfermant des fruits.

Le premier étage est séparé du second, et le second de la partie où se trouve la baie, par une galerie à balustres, dont le dessin n'a rien de remarquable.

Sur les angles de la baie, et à l'extrémité de ceux du portail, on voyait autrefois les statues des quatre évangélistes; elles en ont été enlevées pendant la révolution, leurs bases seules existent encore. On dit que l'on songe à les rétablir.

Chaque étage du portail est de l'ordre corinthien, avec piédestal, colonnes et entablement surmonté d'un acrotère.

Les colonnes et les pilastres sont accouplés deux à deux; au-dessus de chaque couple se voient deux palmes d'olivier posées en croix.

Le milieu de l'entablement du premier étage est orné d'un cartouche avec enroulement : le médaillon est effacé.

Les sophites des entablements des avant-corps sont décorés de caissons circulaires avec feuilles d'acanthe.

Dans la partie plane, entre les colonnes du second étage, est placée une rosace à meneaux carrés, d'un travail grossier, au-dessus de laquelle est sculptée une draperie qui prend naissance sous les ailes d'une tête d'ange mutilée aujourd'hui. Pour le dire en passant, c'est au vandalisme révolutionnaire qu'il faut attribuer toutes les mutilations que nous signalons.

Une niche vide actuellement, et surmontée d'une draperie semblable à celle qu'on voit au-dessus de la rosace, occupe encore, de chaque côté du second étage, une partie de l'espace compris entre les colonnes et les pilastres.

Les trois portes qui, au premier étage, répondent à la rosace et aux deux niches du second, ne sont ornées que d'un chambranle couronné d'une frise et d'une corniche. Elles sont beaucoup trop basses, et paraissent écrasées, ce qui produit un très-mauvais effet. Au-dessus de celle du milieu on voit encore les traces d'un assez beau bas-relief qui représentait le martyr de saint Etienne.

Les portes latérales sont surmontées d'une fenêtre à plein-cintre, bouchée en maçonnerie de remplissage.

En résumé, ce portail est d'un style lourd; ses profils, moulures et sculptures sont de mauvais goût et d'une exécution médiocre. Sa partie supérieure, c'est-à-dire, toute celle qui comprend la baie dont il est surmonté, surplombe, dit-on, de 0m 06 au moins. Quant au reste du portail, le poids de l'ornementation de sa face extérieure met le centre de gravité hors de l'endroit où il devrait être pour que le mur fût au maximum de stabilité; ce grave inconvénient, ainsi que la mauvaise construction du portail, a forcé de le maintenir avec des barres de fer en forme de chaînes, qui, suspendues sur les voûtes, remontent jusqu'au chevet de l'église. Combien une semblable masse doit fatiguer tout l'édifice !

Il est donc à désirer qu'on puisse reconstruire ce portail totalement, et sur d'autres dessins.

2° *Portail du Nord.*

Le style ogival secondaire de ce portail indique, d'après ses formes et ses ornements, une construction du XIIIe siècle.

Il offre d'abord une grande ogive à voussures profondes, que surmonte un fronton triangulaire à deux branches, orné de crochets sur ses arètes, d'un grand fleuron à son sommet, et à son tympan, de petites arcatures avec fuseaux à huit pans.

Les voussures sont garnies de six rangs de statuettes séparées par de légères colonnettes. Ces sculptures, ainsi que les trois rangées de bas-reliefs qui remplissaient le tympan de l'ogive, sont dans un état de mutilation qui ne permet plus d'en reconnaître le sujet; seulement, dans le bas-relief supérieur, on peut voir encore N.-S. entre deux anges.

Tout à l'entrée du porche, étaient autrefois placées deux statues de chaque côté, dont on voit encore les bases à 2 mètres au-dessus du sol. Depuis ces statues jusqu'à la porte, et à la même hauteur, il y avait une suite de colonnettes dont la plupart sont abattues. La statue qui se trouvait au trumeau n'existe plus.

La grande ogive du portail est accompagnée, sur les deux côtés, de deux contreforts ornés d'élégants panneaux trilobés, de pinacles avec crochets, de niches surmontées de dais.

Les panneaux sont couronnés par un pignon triangulaire avec crochets, fleuron et trèfle au tympan. Une ogive figurée en relief, et se divisant en deux autres, orne la partie plane. Le tympan est rempli par un quatre-feuille inscrit dans un cercle. Des piliers avec des colonnettes accouplées supportent les ogives, sous lesquelles on voit encore la place de statues qui ont disparu.

Même ornementation sur les faces extérieures des panneaux. A la suite du pignon qui s'y trouve, s'élève une niche d'un riche travail, supportée par quatre colonnettes d'une grande délicatesse. La niche du panneau de l'ouest est vide, celle de l'est a conservé sa statue ; mais les maisons qui obstruent ce côté empêchent de la voir.

La partie du portail que nous venons de décrire est saillante sur le reste de toute la profondeur des voussures.

Derrière le fronton de la grande ogive du porche on voit les parties supérieures de deux fenêtres semblables à celles dont nous donnons plus bas la description.

Au-dessus, une suite de six petites fenêtres répond au triforium de l'intérieur. Chacune d'elles, se subdivisant en deux ogives, avec un quatre-feuille au tympan, est garnie de colonnettes et surmontée d'un pignon à meneaux avec crochets et fleuron. Ces fenêtres sont figurées en reliefs sur les faces latérales des deux contreforts adjacents; sur les faces apparentes, et au même niveau, ceux-ci sont ornés de deux belles niches superposées, dont les colonnettes sont brisées entièrement.

Au-dessus du triforium se voit une rose du travail le plus délicat. L'espace laissé entre le triforium et la circonférence de la rose est rempli par des quatre-feuilles inégaux disposés à cet effet.

Enfin, les contreforts sont surmontés de clochetons rétablis dernièrement, et semblables à ceux qu'on voit au-dessus des contreforts des grandes faces. Nous en donnerons plus bas la description.

Le pignon supérieur qui couronnait cette façade a dû être détruit lors de l'incendie de 1668 ; aujourd'hui il est remplacé par une croupe en ardoise, au-dessous de laquelle on voit une corniche neuve avec enroulements à feuilles de choux frisés.

Si ce pignon était rétabli, les statues remises, les mutilations réparées, le portail du nord serait digne des monuments religieux du premier ordre.

3° *Portail du sud.*

Le portail du sud présente un aspect bien différent de celui du nord.

En voyant une pareille construction, on est porté à croire que les fonds étaient épuisés, et que l'économie dont cette pénurie faisait une nécessité est la seule cause du peu de solidité et d'ornementation de cette façade. On peut encore supposer que ce portail, qui était dans le cloître, a été négligé comme invisible au public.

Une petite porte de 1ᵐ 40ᶜ de largeur, et qui, placée près du contrefort de la face ouest du bras droit, n'offre aucune symétrie ; au-dessus, deux fenêtres ogivales se subdivisant chacune en deux ogives secondaires, et remplies jusqu'à leur tympan de moellons de craie, plus haut une rose en fer d'un très- mauvais effet, et qui remplace celle que fit tomber l'ouragan de 1769 ; une croupe en ardoise couronnant le tout; enfin, de chaque côté de la façade, un contrefort orné de cordons seulement, voilà le portail du sud.

C'est en outre la partie la moins solide de toute l'église : des lézardes, qui s'agrandissent de jour en jour, s'y font remarquer dans plusieurs points principaux, et tout porte à croire que cette façade s'écroulerait si les armatures qui la rattachent au reste de l'édifice venaient à manquer.

Dans l'intérêt du monument, on doit en souhaiter la reconstruction. En effet, la chute d'une pareille masse ébranlerait les parties voisines (qui seraient alors difficiles à réparer), et il en résulterait de graves accidents pour les maisons adjacentes, qui sont loin d'être en sûreté.

La dépense de ces réparations pourrait s'élever à 50 ou 60,000 francs environ. Il est urgent de les faire incessamment, si l'on ne veut pas s'exposer bientôt à une dépense plus considérable (1).

§ 2. TOURS.

Les tours tangentes à la face orientale des bras du transept sont partagées chacune en six étages.

Les quatre premiers de celle du nord sont du style roman primordial (IXme et Xme siècles), le plein-ceintre surélevé et l'ordinaire s'y font remarquer. Des baies surmontées d'archivoltes, avec pieds-droits garnis de colonnes, sont les seuls ornements des faces planes. Des zigs-zags, des damiers, des feuilles grossièrement ébauchées, ornent les cordons et les chapiteaux.

Les étages inférieurs de la tour du sud sont du style ogival primordial (XIIe siècle). L'ogive, dans sa naissance y est parfai-

---

(1) Des demandes ont été adressées afin d'obtenir les fonds nécessaires pour de si importants travaux : nous avons tout lieu de croire qu'elles seront couronnées de succès.

tement dépeinte (1). Des étoiles ornent les moulures, et les chapiteaux commencent à être bien travaillés.

Les étages supérieurs des deux tours sont d'un fort mauvais goût ; on croirait, en les voyant, qu'ils ont été construits avec des débris de matériaux.

La plate-forme des tours est ornée d'une galerie à balustres, qui sert d'appui, aux angles de laquelle on a placé des torches avec flammes.

§ 3. FLÈCHES.

Les flèches, comme nous l'avons vu, sont d'une construction moderne ; elles s'élèvent majestueusement à une hauteur de 63m, y compris celle des tours. Vues de loin elles font un bel effet, mais considérées de près, elles ne satisfont pas l'œil du connaisseur.

En effet, on dirait qu'on s'est plu à y faire une fusion de tous les styles, et aucun n'y prédomine ; il est difficile de leur en assigner un. Là, figure le plein-cintre à côté de l'ogive ; le talon grec près du crochet ogival, et différentes anomalies qu'on y peut remarquer.

La partie inférieure de ces flèches est une coupole octogone percée de jours, et dont les angles sont ornés de nervures garnies de crochets.

Le prolongement des côtés de la coupole forme un premier étage dont les angles ont de grandes consoles ornées de guirlandes sur les parties droites. Les faces sont percées d'abord de jours en forme de balustrade, et d'une baie à plein-cintre.

---

(1) Ce qui caractérise surtout le 12e siècle, c'est la grande ogive en circonscrivant deux et même trois autres.

L'étage immédiatement supérieur à celui-ci a chaque face ornée d'une baie ogivale que surmonte un pignon triangulaire, avec touffes et fleuron.

Enfin, la partie supérieure des flèches est une pyramide composée de huit branches correspondant aux angles des étages que nous venons de décrire, et revêtues de crochets dans toute leur longueur. Presque à leur naissance, ces branches passent dans un anneau représentant une couronne royale. Les fleurs de lys qui l'ornaient ont été abattues en 1830 ; on ne les a remplacées par aucun ornement, ce qui fait un vide désagréable sur les branches auxquelles elles étaient appuyées.

Il est à regretter que ces flèches reposent aux quatre coins de leur base sur des corbeaux en pierre, que leurs matériaux soient liés par des fers non peints, exposés, par conséquent, aux ravages de l'oxide; et que, par une économie mal entendue, on ait employé le soufre au lieu de plomb pour les scellements. Ces inconvénients sont graves; ils nuisent à la conservation et à la solidité des flèches.

§ 4. GRANDES FACES

Les grandes faces ont pour ornement, depuis le grand portail jusqu'aux bras du transept, une série de huit contreforts dans l'intervalle desquels se dessinent les vitraux de la grande nef et ceux des bas-côtés. Les grandes ogives de ceux-ci sont garnies, à l'extérieur de l'édifice, de feuilles très-délicatement sculptées.

Au-dessus des vitraux de la grande nef, une suite de petites fenêtres sans aucune espèce d'ornement, accouplées deux à deux et surmontées d'un cercle, répondent au triforium de l'intérieur.

Chaque contrefort est couronné par quatre pignons triangulaires, ornés de fleurons et de trèfles; au-dessus s'élève un clocheton composé d'un dez héxagonal, d'un fût revêtu de colonnettes avec bases et chapitaux, et d'une pyramide aussi héxagonale, garnie de touffes sur ses arètes, et surmontée par un grand fleuron. La hauteur du clocheton, y compris le dez qui lui sert de base et le fleuron qui le couronne, est de 5m 20c.

Trois pignons semblables à ceux qui se trouvent sous le clocheton, ornent les trois côtés visibles de l'étage immédiatement inférieur; les autres étages sont ornés de cordons avec feuilles d'artichaux et autres.

Deux rangs superposés d'arcs-boutants, partant des deux étages supérieurs des contreforts, viennent contrebuter la poussée des voûtes, et retombent à leur extrémité sur des colonnes qui ont de très-beaux chapiteaux.

Au-dessus du dernier arc-boutant, et tangentement à la corniche qui couronne l'édifice, s'élève un clocheton quadrangulaire, avec base ogivale, crochets et fleurons. Ces clochetons, ainsi que la corniche dont le dessin est différent à chaque travée, ont été refaits en 1841.

Dans chacun des angles formés par la rencontre des faces des bas-côtés avec les contreforts, et sous les pignons qui couronnent ceux-ci, on remarque des gargouilles très-originales et fort bien exécutées.

La toiture des chapelles construites dans l'intervalle des contreforts est bordée d'une balustrade en pierre, dont les dessins, ainsi que ceux de la corniche, varient d'une travée à l'autre, et n'ont rien de remarquable.

CHAPITRE II.

Intérieur de la Cathédrale.

§ 1er. GRANDE NEF.

La grande nef est sans contredit la plus belle partie de notre cathédrale.

Elle est formée de dix travées, y compris celle que remplit la tribune des orgues, et soutenue par dix-huit piliers.

Ceux qui forment les angles du transept et les quatre qui avoisinent le portail principal, sont composés d'un faisceau de colonnettes. Ces quatre derniers, comme nous l'avons vu, ne datent que du XVIIe siècle.

Les autres piliers sont de grandes colonnes unies, qui ont des bases avec angles à coussinets, et dont les chapiteaux sont ornés de feuilles de tous genres, parfaitement sculptées.

Chaque travée a une grande ogive au-dessus de laquelle règne le triforium surmonté d'une grande fenêtre dont la hauteur est de 9m 85c, et qui s'élance jusqu'à la voûte.

Chaque fenêtre est formée par une belle ogive divisée en deux ogives secondaires, avec une rose à huit lobes. Chaque ogive secondaire se subdivise, à son tour, en deux autres surmontés d'un quatre-feuille inscrit dans un cercle.

A la naissance des courbes on remarque des chapiteaux à feuilles délicatement sculptées, couronnant les petites colonnettes.

Quel devait être l'effet de ces belles fenêtres, lorsqu'elles étaient ornées de leurs vitraux coloriés! Sans doute, il reste encore quelques grisailles, mais les vitraux blancs sont en bien plus grand nombre.

Le triforium est formé pour chaque travée de quatre ogives ayant des colonettes accouplées. Ces ogives se subdivisent en deux autres qui ont des colonnettes simples, et au-dessus desquelles on remarque des quatre-feuilles inscrits dans un cercle, d'une extrême légèreté.

Les voûtes prennent naissance au-dessus des chapiteaux des trois grandes colonnettes accouplées qui s'élèvent sur les chapiteaux des piliers. Elles sont en tiers-point, avec des branches d'ogives; plusieurs clefs sont ornées d'étoiles avec fleurons.

A l'extrémité de la grande nef la tribune des orgues est adossée au portail de l'ouest. Tous les ornements sont en carton-pierre. Ces fragiles décors, qui déjà présentent des dégradations en plusieurs endroits, ont coûté environ 10,000 francs.

Quant aux orgues, elles sont telles que le malheur des temps permettait à l'église Saint-Etienne de se les procurer. Mais nous apprenons avec plaisir que notre cathédrale en aura bientôt d'autres, dignes d'elle : le Gouvernement et la fabrique en font les frais.

§ 2. CHOEUR ET SANCTUAIRE.

Le chœur est formé de la travée du transept et des deux premières de la nef. Avant 1793, il comprenait une travée de plus.

Il est entièrement pavé en losanges de marbre blanc et noir alternés. Ses piliers, sa voûte, son triforium et ses vitraux n'offrent aucune différence avec ceux de la grande nef, dont il est la continuation.

Ses stales sont vieilles, incommodes et d'un très-mauvais dessin. Des grilles seraient nécessaires tout autour, et surtout à son entrée, pour empêcher, hors le temps des offices, les passants de pénétrer jusques dans le sanctuaire et sur les marches de l'autel, comme aussi pour imprimer plus de respect pour les choses saintes.

Le sanctuaire, élevé de cinq marches au-dessus du chœur, est également pavé en marbre. Il est entouré d'une grille en fer de la plus grande simplicité.

Il comprend toute l'abside, dont les arcades sont soutenues, à partir des angles du transept, de chaque côté, par deux piliers à colonnettes accouplées, et au rond-point, par quatre colonnes doriques très-rapprochées les unes des autres. Ces colonnes et la voûte du sanctuaire ne remontent, comme nous l'avons vu, qu'au XVIIe siècle.

Le triforium du sanctuaire est formé de grosses colonnettes supportant des ogives trilobées. Il n'a point de vitraux qui lui répondent à l'extérieur; son style est antérieur à celui du triforium de la nef, ce qui porte à croire qu'il a été fait sur le dessin du triforium primitif de la basilique.

Du sanctuaire, ce même genre de triforium se continue dans le transept, seulement sur la surface orientale, au bras nord, et au bras sud sur toutes les faces. Au-dessus de la rosace du bras sud, les chapiteaux des colonnettes sont fort beaux; tout à côté, sur la face *est*, les colonnettes sont d'un travail grossier.

Le maître-autel de Saint-Etienne passe pour un des plus beaux du royaume. Il a été exécuté sur le modèle de celui de Saint-Pierre de Rome, d'après les dessins de Jules Hardouin Mansard, premier architecte de Louis XIV; il est composé de différentes espèces de marbre, et a 4^{m} de longueur environ. On y monte par cinq degrés, aussi de marbre, et l'élévation où il se trouve au-dessus de la nef lui donne un aspect imposant.

A chaque extrémité de l'autel, s'élèvent trois colonnes corinthiennes d'un beau marbre, avec bases et chapiteaux dorés ; elles soutiennent un baldaquin de très-bon goût et d'un travail achevé, auquel sa dorure toute récente donne beaucoup d'éclat.

Entre les colonnes on voit briller les rayons d'une gloire placée dans la chapelle de la Sainte-Vierge, ce qui, de l'extrémité de la grande nef, offre un assez beau coup-d'œil.

Ce magnifique autel n'a échappé que difficilement au vandalisme révolutionnaire. Déjà on avait attaché des cordes à ses colonnes ; déjà des chevaux étaient attelés, prêts à tirer pour les renverser ; une seule considération a retenu les dévastateurs : la crainte de faire crouler le crypte, d'ébranler l'édifice et d'exposer leur vie.

§ 3. BAS-CÔTÉS.

Chaque travée des nefs latérales a une fenêtre semblable à celles de la grande nef, excepté que la rose de la partie supérieure n'est ordinairement qu'à six lobes.

Dans les trumeaux, des piliers à colonnes accouplées s'élèvent jusqu'à la naissance des voûtes, dont le style est le même que celles de la nef du milieu.

Dans les sept premières travées, hormis celle qu'occupe la sacristie, on a construit des chapelles dont l'élévation a forcé de raccourcir les vitraux qui sont au-dessus. A l'exception de celles du Sacré-Cœur, du Saint-Lait et de Jésus-Souffrant, toutes s'ouvrent sur la nef par une arcade à plein-cintre, bien que leurs voûtes soient ogivales : elles sont plus ou moins élevées les unes que les autres, et ce défaut de symétérie donne assez à penser qu'elles ont été érigées par des dons particuliers.

Leur construction ne doit pas remonter au-delà du XVIIe siècle, et tout, dans leur style, indique cette époque.

Elles n'ont rien de remarquable, la plupart même sont dans un état de nudité qui fait peine.

Quant à celles qu'on a restaurées, on y a suivi presque toujours le même système de décoration : deux pilastres soutenant un fronton triangulaire plus ou moins élégant.

La chapelle du Sacré-Cœur a été restaurée en 1824 au moyen des aumônes des fidèles et des libéralités de Mgr de Prilly; c'est une des mieux ornées de la cathédrale; elle est de l'époque de la renaissance, ainsi que celles du Saint-Lait et de Jésus-Souffrant. Ces dernières s'ouvrent sur la nef par deux arcades à plein-cintre surmontées d'un fronton triangulaire. Leurs clefs de voûtes sont ornées de sculptures dans le goût de leur époque. Celle du Saint-Lait, située dans la huitième travée, côté du nord, est encore nue et délabrée, mais on se propose de la faire réparer. Celle de Jésus-Souffrant a été restaurée en 1835, par Romagnési, aux dépens de la fabrique. Une colonne cannelée soutient les deux arcades, et une suite d'élégantes colonnettes élevées sur un petit mur à hauteur d'appui, lui sert de clôture. Les panneaux du petit mur sont ornés de têtes d'anges et d'autres sculptures. Au fronton qui surmonte les deux arcades, on voit deux salamandres entre lesquelles a dû se trouver le portrait de François Ier. Le buste du prince, son chiffre et ses armes, se font remarquer, au milieu de guirlandes de fleurs, sur les pilastres qui s'élèvent de chaque côté de la travée où la chapelle est construite.

On y voit un beau suaire donné par Mgr l'évêque actuel; il est placé en face de l'autel. Malheureusement les réparations qu'on y a faites dernièrement ont altéré les formes du corps de J.-C., qui étaient pleines d'expression et d'un fini remarquable.

Les parties nues des travées qui n'ont point de chapelles sont revêtues d'ogives en relief, avec colonnettes simples auxquelles on a remis, il y a quelques annés, des chapiteaux qui manquaient. C'est ainsi que devaient être les faces sous les vitraux avant la construction des chapelles.

Nous avons parlé de deux chapelles qui se trouvent dans le rez-de-chaussée des tours. Celle du sud n'a rien de remarquable ; depuis long-temps elle ne sert plus au culte. Celle du nord était réservée, avant les orages de la révolution, à l'usage des chapelains du chapitre ; on aperçoit encore sur ses murs quelques traces de peintures à fresque (1) ; son pavé est une belle marqueterie en briques rouges et noires, formée par des cercles tangents (2).

Serait-ce trop s'avancer que de faire remonter ces fresques et cette marqueterie au XIIe siècle ?

Ces deux chapelles, abandonnées depuis long-temps, sont actuellement fermées.

Les cinq travées du rond-point sont encore occupées par des chapelles. Nous ne parlerons ni de celle de Saint-Louis, ni de celle de Saint-Joseph. Les chapelles dédiées à Saint-Vincent de Paul et à Saint-Etienne n'ont de beau que leurs autels de marbre.

Enfin, celle de la Sainte-Vierge se fait remarquer par le bon goût de ses décorations. Les boiseries qui l'entourent, provenant de l'abbaye des Dames-de-Louvois, sont ornées, à leur partie supérieure, de guirlandes d'un travail délicat. Derrière l'autel, quatre colonnes cannelées, d'ordre corinthien, à bases et à chapiteaux dorés, soutiennent un beau fronton de même ordre, surmonté d'une gloire dont nous avons déjà remarqué l'effet : toutes ces dorures ont été renouvelées en 1836.

---

(1) Le peu qui reste de ces peintures, du côté où elles ne sont point cachées par une agglomération de décombres, fait soupçonner qu'elles représentent l'ordination des sept diacres.

(2) J'ai découvert depuis peu cette marqueterie, qui était cachée sous une couche de terre.

§ 4. TABLEAUX. — VERRIÈRES. — TOMBES. — MORCEAUX DE SCULPTURE.

La cathédrale de Châlons possède plusieurs tableaux dignes de fixer l'attention.

Le plus curieux ouvrage de peinture qui s'y trouve représente la consécration de cette basilique, en 1147; c'est celui dont nous avons déjà parlé.

Ce tableau, de 2m 68 sur une hauteur de 1m 45, est peint sur bois, au blanc d'œufs selon les uns, à l'huile selon les autres. Quelques personnes pensent qu'il remonte au XIIe siècle, à l'époque même du fait qu'il rappelle, et que toutes les figures sont autant de portraits; mais des antiquaires et des hommes de l'art disent qu'à en juger par le genre même de peinture de ce tableau, par ses décorations où règne le style ogival tertiaire, il appartient au XVe siècle seulement. Ils observent d'ailleurs que certains ornements dont sont revêtus le pape, les cardinaux, et même les enfants de chœur, rappellent la forme des costumes ecclésiastiques du XVe siècle, différents de ceux du XIIe. Ces arguments seraient péremptoires, si le tableau dont il s'agit n'avait pas été retouché plusieurs fois, comme des expériences faites dernièrement semblent le prouver (1).

Dans la chapelle dédiée à saint Etienne sont suspendus deux tableaux dûs au pinceau de Boullongne le jeune (2). Ils viennent de l'abbaye des Dames-de-Louvois; l'un représente Jésus au jardin

---

(1) Une copie exacte de ce tableau vient d'être faite par M. Liénard fils.

(1) Boullongne (Louis), né en 1654, mort en 1733. Il se forma à Rome sur les tableaux des grands maîtres et surtout sur ceux de Raphaël. Il entra à l'académie de peinture et en devint le directeur. Louis XIV le nomma son premier peintre. Le pinceau de Boullongne est gracieux et noble.

des Oliviers, et l'autre, le Sauveur parlant à une femme de Samarie. On reproche avec raison au peintre d'avoir, dans ce dernier tableau, donné un costume moderne à la Samaritaine.

N'y aurait-il pas moyen d'empêcher la moisissure qui, chaque jour, couvre de plus en plus ces beaux ouvrages?

A chacun des bras du transept on voit encore un tableau de Boullongne le jeune; mais, tous deux ont été défigurés par un peintre inconnu auquel on avait confié, à son passage, le soin de les restaurer. Le coloris de Boullongne a entièrement disparu. L'un représente le baptême de Notre-Seigneur; et l'autre, l'apparition de J.-C. à l'une des saintes Femmes, dans le jardin même où était le tombeau qu'il venait de quitter. La pose du Sauveur, qui défend à la femme de toucher son corps glorieux, est pleine d'expression.

Nous citerons encore une *Annonciation*, qui se trouve dans la chapelle de la Sainte-Vierge et que les connaisseurs estiment.

Enfin, dans le sanctuaire sont deux tableaux remarquables. Celui de gauche représente, selon les uns, saint Charles, archevêque de Milan; suivant d'autres, de Belsunce, évêque de Marseille, administrant le viatique aux pestiférés; il a été donné par Charles X. Celui qui est suspendu à droite, et sur lequel on voit une scène préliminaire du Jugement dernier, est dû à la libéralité de S. M. Louis-Philippe.

Une des pertes le plus à regretter pour nos vieilles églises est, sans contredit, celle de leurs vitraux gothiques, dont les couleurs vives et tranchantes, les dessins souvent bizarres, produisaient un effet magique et répandaient une religieuse obscurité.

Les vitraux de notre cathédrale n'ont pas eu un meilleur sort que ceux de tant d'autres églises; le temps et les hommes en ont beaucoup détruit.

Nous allons nous occuper des plus remarquables parmi ceux qui sont restés.

Dans le bas-côté du nord, au-dessus de la sacristie, un beau vitrail représente la création du monde et les principaux traits de l'Histoire-Sainte jusqu'au meurtre d'Abel.

Deux travées plus loin, on voit diverses circonstances de la vie de la sainte Vierge ; le panneau du milieu retrace sa mort avec toute la naïveté du moyen-âge.

Le triomphe de Mardochée est, dit-on, le sujet du vitrail suivant ; mais sur plusieurs panneaux, rapportés de divers endroits, sont peints d'autres faits puisés dans l'Ecriture. Le tympan est occupé par le baptême de J.-C.

Dans le bas-côté du sud, on voit, sur la troisième verrière, près du portail de l'ouest, les principales circonstances de la Passion de Notre-Seigneur ; deux panneaux représentant, l'un la condamnation et l'autre la décollation de saint Jean-Baptiste.

Au tympan du vitrail qui suit, c'est la *Transfiguration*. Les panneaux contiennent quelques saints.

Enfin, saint Etienne recevant le diaconat des apôtres, distribuant des aumônes, traduit devant le conseil des Juifs et entraîné pour être lapidé, fait le sujet du vitrail voisin.

Toutes ces verrières ont dû être données par des personnes dont on voit les armes dans les quatre-feuilles placés au-dessus des ogives secondaires.

Des apôtres, des évêques et d'autres saints encastrés dans des niches, se voient sur les trois vitraux restés au rond-point.

Enfin, dans la rose du portail nord, on remarque des arabesques et des enroulements sur des fonds rouges, jaunes, verts, etc., qui font un effet charmant ; dans le triforium du même portail, chaque arcature a un personnage dont le dessin et le coloris sont fort beaux.

Disons maintenant quelques mots sur les pierres tumulaires de la cathédrale.

Toutes les plus précieuses sous le rapport historique ont disparu pendant la révolution, et celles qui restent ont généralement peu d'intérêt. La plupart d'entre elles n'appartiennent point à Saint-Etienne ; elles proviennent des églises de la Sainte-Trinité, de Saint-Sulpice, des religieux Cordeliers, de l'abbaye de Toussaint et, probablement de plusieurs autres, qui ont été détruites pendant la tourmente révolutionnaire.

On ne s'étonnera donc pas de rencontrer de tous côtés, dans notre cathédrale, des pierres tumulaires d'abbés, de moines, de curés, et on s'expliquera pourquoi se trouve dans la chapelle de Saint-Joseph un marbre mentionnant la dernière consécration de l'église de la Sainte-Trinité (1).

En voyant, dans la chapelle de saint Jean-Baptiste (2), un petit marbre noir, à moitié couvert par le marche-pied de l'autel, et rappelant la mémoire de saint Lumier, qu'on ne croie pas que cet évêque ait été inhumé en ce lieu. En 625, son corps fut déposé à Saint-Jean, à côté de celui de son frère saint Elaphe : l'an 1043 environ, Roger II, de Thuringe, 44ᵉ évêque, les fit transporter en l'église abbatiale de Toussaint, où on les enferma dans une châsse fort riche. Le marbre dont nous parlons était placé, avant 1793, au-dessus d'une des portes latérales du chœur de cette abbaye. L'inscription qu'on y lit a été com-

---

(1) En 1668, l'église collégiale de la Sainte-Trinité, située près du portail nord de Saint-Etienne, vis-à-vis de la tour, fut incendiée par des débris enflammés qui tombèrent sur elle du haut de la flèche de Gilles de Luxembourg, frappée de la foudre. On fut obligé de la reconstruire en grande partie, et M. Louis-Antoine de Noailles en fit la consécration le 21 d'août de l'année 1691. Cette église avait été bâtie dans le Xᵉ siècle, sous Roger Iᵉʳ qui en fit la première dédicace la 12ᵉ année de son épiscopat (1021).

(2) C'est dans cette chapelle qu'ont été déposées, selon un manuscrit, les entrailles de Jean-Baptiste-Louis-Gaston de Noailles, 88ᵉ évêque de Châlons.

posée en 1709 par Baugier, auteur des *Mémoires historiques de Champagne,* où on peut la voir, tom. II, p. 125.

Bien peu de tombes des évêques de Châlons sont restées. On en rencontre une auprès de la chapelle du Sacré-Cœur, et deux dans le bras nord du transept, qui sont fort anciennes.

Dans la première, l'inscription a été sciée en partie, dans une autre, elle a disparu avec les incrustations de marbre blanc sur lesquelles elle était gravée; dans la troisième, elle est presque effacée. Nous ne dirons donc pas quels sont les évêques que recouvraient ces pierres.

Il reste cependant un morceau de la tombe de Pierre de Latilly, chancelier de France sous Philippe-le-Bel, et 67e évêque de Châlons, qui prit une part active à bien des événements importants de son époque. Cette pierre est reléguée parmi des débris, dans la chapelle qui fait face à celle des fonts. Ce prélat avait été inhumé dans une des anciennes chapelles des Sybilles, avec cette épitaphe :

Hìc jacet
D. Petrus de Latilly, episcopus Cathalaunensis,
qui obiit anno Domini 1328.

On voit encore, en face de la petite porte de la tour nord, une pierre sépulcrale sans inscription, dépouillée d'une plaque qui s'y trouvait autrefois et dont il ne reste d'autres vestiges que les clous qui la fixaient. Elle passe, aux yeux de plusieurs personnes qui l'ont examinée, pour être la tombe de Pierre de Hans, 63e évêque de Châlons, qui mourut en 1261. Cette pierre était placée jadis au milieu du chœur de la cathédrale. On lisait sur l'airain l'épitaphe suivante :

Discat, qui nescit, quòd Petrus hìc requiescat;
Hìc sublimatus ad honorem pontificatûs,
Magnanimus, largus, circumpectusque,
Facundus verbis, pius........
Ad Dominum clama, quisquis legis hoc epigramma :
Vivat in cœlis qui vivit nunc quoque famA.

Derrière le maître-autel se voient les tombes de M. Gaston de Noailles, 88e évêque de Châlons (1), et de M. Vialart de Herse, auquel la cathédrale doit tant de notables embellissements. Elles étaient d'abord au bas des degrés du sanctuaire ; et c'est lorsqu'on repava le chœur, au rétablissement du culte, qu'elles furent transportées au lieu qu'elles occupent.

L'épitaphe de M. Vialart rappelle ce qu'il a fait pour sa cathédrale, son séminaire et d'autres établissements. En voici un extrait :

.... Hanc basilicam eleganti odæo ornavit ;
Eamdem incendio deformatam refici et augeri curavit...... etc.
... Formandis ad sacra clericis seminarium struxit et dotavit,
Plurimas pro juvenili utriusque sexûs institutione domos erexit.

....

Dans le bras *est* du transept, il existe une pierre qui n'a rien de remarquable, mais qui rappelle un fait trop édifiant pour que nous le passions sous silence. C'est celle de Nicolas Germigny, grand-chantre, chanoine de Saint-Etienne et official du diocèse, qui se retira, en 1714, à la Chartreuse du val Saint-Pierre, où il fit profession ; il y mourut avec la réputation d'un parfait religieux, le 11 juillet 1731, âgé de 59 ans.

Près de l'entrée des catacombes, ou crypte, on trouve les pierres tumulaires des chanoines Memmie Hocart (2), et Pierre de Bar, dont nous avons déjà parlé (partie historique).

Dans la chapelle de la Sainte-Vierge, un marbre blanc indique

(1) L'archevêque de Paris fit son épitaphe. Il y exprime ses sentiments affectueux et sa vénération pour son frère.

(2) Memmie Hocart, qui mourut en 1758, a laissé la réputation d'un ecclésiastique instruit et fort capable. Il prit part pendant long-temps à l'administration diocésaine. L'académie de Châlons le compta au nombre de ses membres.

le lieu où est inhumé M. Lemaître. L'épitaphe qu'on y lit, et qu'il a si bien méritée, a été composée par Beschefer. La voici :

Hic jacet
Panagius Lemaistre
Presbyter
Virtudo oriundus
Munificentiâ
Per universam provinciam
Notissimus,
Canonicus per annos 73 decanus per 20
Archidiaconus major per 8
Insignis hujus basilicæ decorem
Præcipuè dilexit,
Et quam lapideam invenerat
Auro et marmore splendidam fecit.
Abbas omnium sanctorum
De insulâ Cathalaunensi
Abbatiæ suæ sacras ædes
Et diœcesis quam plurimas
Refecit ornavit ditavit,
Rurigenis puellis scholarum magistras
Ære suo providit.
Vicarius generalis per annos 45
Cleri syndicus per 30
Cathalaunenses episcopos
Sapientiâ sagacitate vigilantiâ
Adjuvit.
Nosocomiis præfectus
Quidquid ædium salubritati
Ægrotantium levamini defuit
Regali sumptu præstitit.
Ergà omnes beneficus
Nobiles familias jacentes erexit,
Virgines dote datâ Deo sacravit
Connubio junxit,
Juvenes permultos varias ad artes
Informavit.

Sibi soli parcus
Amplissimos proventus
In egenos in infirmos in vinctos
In viduas in pupillos
Profundit.
Per annos amplius septuaginta
Diem non perdidit,
Nihil requirit præter famam immortalem
Obiit anno 1768 ætatis 92
Amico suo et benefactori
Decanus et canonici
Mœrentes posuêre.

Dans la nef principale on admire des pierres tumulaires d'une dimension peu ordinaire, chargées d'ornements, et dont les artistes viennent souvent prendre des empreintes. Il est vraiment à regretter que la plupart aient été brisées. Une des plus remarquables, celle du chanoine de Capi, se trouve sous la tribune de l'orgue; elle est parfaitement conservée.

Il en est encore une fort belle, mais elle est endommagée depuis quelque temps. Plusieurs personnages y sont représentés : cette pierre est dans la grande nef, près du chœur; elle a souvent attiré l'attention des artistes.

Près d'un pilier du côté nord, on voit un beau marbre noir sur lequel est un gentilhomme armé de toutes pièces, environné de trophées, et avec les attributs d'un gouverneur de ville : c'est Philippe de Thomassin, mort en 1608.

Thomassin était vidame de Châlons, gouverneur pour le roi en cette ville, et gentilhomme de la chambre. On voyait, avant la révolution, sa tombe dans la cathédrale, près de la porte du cloître. Il soutint tellement, dans une circonstance remarquable, la réputation de bravoure des anciens vidames, que nous avons cru devoir citer le trait qui honore sa mémoire.

Philippe Thomassin, à la tête d'un bon nombre de braves Châlonnais qui se réunirent à un corps de troupe que commandait

Robert de Joyeuse, comte de Grandpré, fatigué des vexations et des sorties de Saint-Pol, gouverneur de la citadelle de Vitry-le-François et partisan de la ligue, résolut d'attaquer cette forteresse et d'en chasser l'ennemi. Thomassin et Joyeuse livrèrent l'assaut et emportèrent la place le second jour. Le nom du brave gouverneur de Châlons retentit bientôt dans toute la Champagne; celui de Joyeuse ne fut pas moins célébré; mais malheureusement des larmes se mêlèrent à ce cri de victoire : le comte de Grandpré, qui avait contribué à ce succès, avait péri en combattant contre le gouverneur de la citadelle de Vitry.

Nous citerons encore la pierre d'un nommé Michel li Papelarz, qui a été, au mois de mai dernier, l'objet d'une dissertation dans une réunion de la Société d'archéologie. C'était un pieux bourgeois de Châlons, qui contribua par ses largesses à la construction d'un monastère. Cette pierre se trouve près de la chapelle du Dieu de pitié.

Deux autres pierres tumulaires méritent aussi une mention de notre part : la première est celle de Pierre de Saint-Remy, docteur en théologie, chanoine et archidiacre de Saint-Etienne. Son épitaphe apprend qu'il s'occupa avec ardeur de questions de jurisprudence ecclésiastique. Il mourut en 1712; il appartenait à une famille fort connue et généralement respectée. On aperçoit son tombeau au bras droit de l'église, côté du sud.

Je consacrerai, enfin, quelques lignes à la mémoire de Marguerite, fille de Jacques Stuart, Ier du nom, roi d'Ecosse, première femme du dauphin de France (depuis, Louis XI), morte à Châlons le 28 août 1446, âgée seulement de 26 ans. Le corps de cette princesse fut déposé dans le crypte qui est sous le sanctuaire de la cathédrale (1); mais il n'existe plus de preuves matérielles à l'ap-

(1) Voyez Buirette de Verrières, pages 62 et 63. — Voyez aussi, *Mémoires sur les évêques de Châlons.*

pui de ce fait. Letur, 77e évêque Châlons, présida aux funérailles de la Dauphine : 15 ans après, ses restes furent transportés à l'abbaye de Tours en Poitou. Je rappellerai que Marguerite d'Ecosse, qui fut vivement regrettée du Dauphin, est connue par son amour pour les lettres et son admiration pour le savoir de Alain Chartier (1), appelé par ses contemporains le père de l'éloquence française.

J'ajouterai en terminant que la cathédrale de Châlons possède deux chefs-d'œuvre de sculpture, qui sont placés dans la salle capitulaire (2). Le premier est une terre cuite représentant saint Jérôme en contemplation sur un tronc d'arbre. Le second est une pierre tumulaire sur laquelle est sculpté un homme mort ; elle vient de l'abbaye de Saint-Pierre-au-Mont. Quelques personnes assurent qu'elle faisait partie du tombeau de Jérôme de Burges, ou Burgensis, 82e évêque de Châlons et ambassadeur de Charles IX au Concile de Trente, où il fut environné de beaucoup de considération, et que le cadavre qui y est sculpté est celui même de ce prélat. On prétend encore que ce beau morceau est sorti du ciseau de Jean Goujon. Quoi qu'il en soit, il est précieux sous les rapports du dessin et de l'exécution (3).

---

(1) Alain Chartier, archidiacre de Paris, conseiller au parlement, secrétaire de Charles VI et de Charles VII, rois de France, fut très-recherché à la cour, sous ces deux princes. Il mourut en 1449, plus connu par ses ouvrages en prose que par ses poésies.

(2) Cette salle fait partie des bâtiments de Saint-Etienne : elle vient d'être restaurée avec soin. C'est là que se trouve aussi la bibliothèque du chapitre, qui doit à la libéralité du roi une partie des embellissements auxquels on travaille présentement.

(3) Jérôme de Burges mourut, selon les uns, le 4 janvier 1573, et selon les autres, vers le mois de mars 1572. Quant à Jean Goujon, il est certain qu'il perdit la vie le 24 août 1572, jour de la Saint-Barthélemy. Je laisse à

Que de beauté, que de grandeur dans les ouvrages de nos pères ! Tout y est digne de la foi qui en inspirait les auteurs.

Puissent ces monuments religieux être bientôt rendus à leur splendeur primitive !

Quand verrons-nous disparaître de dessus leurs portails ces honteuses mutilations qui rappellent depuis trop long-temps des jours orageux qu'il faut oublier !

Puissions-nous voir, dans leur enceinte, tous les chrétiens réunis au pied de l'autel de celui qui nous a appris que *Dieu est charité* (1) !

Me voici arrivé à la fin de la tâche que je m'étais imposée. Cependant, quelques lignes me paraissent encore nécessaires. Je désire faire connaître que je suis heureux d'offrir cette notice à la Commission centrale d'Archéologie, dont la création, dûe aux soins du premier magistrat de ce département, son président-né, tout occupé des besoins des monuments religieux de ces contrées, ne peut que contribuer à célébrer la religion par les arts et les arts par la religion : alliance désirable, utile à tous, et à laquelle on applaudira toujours. Membre de cette Commission, prêtre de l'église de Châlons ; c'est avec une grande satisfaction que j'ai l'honneur, en cette circonstance, de faire hommage de ce travail à notre digne et vénérable prélat, ainsi qu'à notre illustre métropolitain, tous deux présidents de la Commission centrale d'Archéologie, et aussi zélés à faire aimer la religion qu'à restaurer les édifices sacrés où elle a ses autels.

---

penser s'il put faire le tombeau de l'évêque de Châlons. Ou il faut dire que cette pierre n'est pas de Jean Goujon, ou qu'elle n'est pas du tombeau de Jérôme de Burges.

(1) *Deus charitas est*, I, Joan. cap. IV, v. 8.

Tels sont les sentiments que j'aime à exprimer en attendant que je puisse présenter des *Recherches historiques* concernant ce diocèse.

J'éprouve le besoin d'ajouter encore quelques observations, pour faire remarquer combien mérite d'éloges l'empressement que l'on montre à se livrer à l'étude de l'archéologie, dans le département de la Marne, et presque partout en France.

Cette science, en nous apprenant à distinguer les divers styles des monuments dûs à la foi de nos pères et à leur immense générosité, nous rappelle en même temps qu'ils les ont élevés avec la force, la puissance de la pensée religieuse qui a imprimé à leurs ouvrages un caractère de durée, de beauté, de noblesse, de grandeur, qu'on ne se lasse point d'admirer. Aussi, dans une lettre circulaire toute récente (1), Mgr l'évêque de Châlons a fait connaître à son clergé tout le prix qu'il y attachait.

On ne peut donc que louer ceux qui veulent apprendre de quelle architecture sont les basiliques où l'on vient s'acquitter, chaque jour, des devoirs les plus saints, recevoir ou communiquer les inspirations de la charité.

N'est-il pas convenable, surtout quand on en a le loisir, de faire une étude de l'architecture du moyen-âge, à laquelle appartient un grand nombre de nos églises, et qui se divise elle-même en deux types bien distincts : le *roman* et l'*ogival?* N'est-il pas important de savoir que le premier de ces types comprend les monuments religieux élevés depuis la naisssance du christianisme jusqu'à l'an 1200 ; et que le second type comprend ceux qu'on a construits dans les XIIIe, XIVe, XVe siècles, et même dans une partie du XVIe, époque où l'architecture grecque a commencé à être adoptée, et qu'on

(1) S. G., dans une lettre du mois de mars dernier, finit, après diverses réflexions fort sages, par recommander l'ouvrage de Mgr l'évêque de Belley sur l'archéologie, en observant qu'il est *tout rempli d'instruction.*

a nommée époque de la renaissance? N'est-il pas essentiel de pouvoir distinguer ces divers types ? Il est, sans contredit, fort utile aussi de ne pas ignorer que le plein-cintre caractérise l'architecture romane, que l'ogive ou arcade pointue a été substituée au plein-cintre dans l'architecture ogivale, et que les deux grandes époques de l'architecture du moyen-âge se subdivisent en plusieurs périodes, modifiées elles-mêmes. Il n'est pas moins fort intéressant de connaître les trois périodes qui comprennent, dans le style roman, l'architecture *romane primordiale, romane secondaire, romane tertiaire* ou de *transition*; de pouvoir distinguer les trois périodes qui se sont succédé lorsque l'ogive a prédominé : celles de l'architecture *ogivale primitive, ogivale secondaire* ou *rayonnante*, et *ogivale tertiaire* ou *flamboyante*; de savoir en même temps indiquer à quelle époque commencent et finissent, 1° l'architecture, *romane primordiale*, *romane secondaire*, *romane tertiaire*; 2° l'architecture, *ogivale primitive*, *ogivale rayonnante, ogivale flamboyante.*

Après ces rapides réflexions sur l'archéologie, pourquoi ne dirais-je pas encore que l'on ne peut qu'applaudir au zèle que l'on montre de toutes parts, depuis quelque temps, à étudier, à connaître d'une manière spéciale l'histoire, la description de nos vieilles basiliques, ainsi qu'à les restaurer, parce que l'on comprend que ces églises parlent autant de la croyance, du culte de nos pères, que de la gloire de la France? car, qui ne sait que plusieurs d'entre elles n'ont été bâties que pour rappeler à la postérité une bataille gagnée ou un haut fait d'armes, attribué par de pieux vainqueurs à la protection du ciel ?

Un mouvement général s'opère à cet égard dans ces contrées : on y est tout fier d'y posséder des monuments religieux du premier ordre; on en réclame la restauration, on s'inquiète sur leur sort à venir; on y est désireux de préserver de toute espèce de dégradations les édifices grandioses ou délicatement travaillés qu'on y voit, les uns connus par la hardiesse de leur construction, les autres, par la légèreté de leurs formes (1). On se montre, dans ce département, aussi soigneux à découvrir qu'à conserver, dans les plus modestes églises comme dans les plus belles basiliques, le moindre débris d'architecture qui ait quelque prix, tout portail, porche ou flèche, où l'on peut reconnaître le passage du ciseau d'une main habile.

Je vois avec bonheur cet élan. Me permettrait-il de concevoir quelques espérances de plus pour l'avenir de la religion dans ce département et dans tout le royaume, où l'on en rencontre l'empreinte, je dirai plus, des traces profondes, dans les mœurs populaires et les habitudes de la société? Il reste même quelque chose de plus consolant : c'est le nombre de ceux dont les convictions et les pratiques ne se sont pas ressenties de l'affaiblissement de la foi. Quelques feuilles, quelques branches ont pu se détacher du grand arbre du catholicisme, mais ses racines ne sont point desséchées; c'est ce que prouvent le respect, l'admiration que l'on a pour ses antiques sanctuaires, pour son esprit plein de douceur, mais positif, pour son enseignement invariable et divin : c'est ce que semble prouver encore l'aveu unanime, que le christianisme a exercé une influence aussi salutaire à la civilisation qu'aux arts, aux lettres et aux sciences.

(1) On devinera facilement que je veux parler de Notre-Dame (église métropolitaine), de Saint-Remi, à Reims; de Notre-Dame, de Saint-Etienne, à Châlons, et de Notre-Dame de Lépine. Oserai-je ici exprimer le regret de ne pouvoir rappeler que le nom de plusieurs autres églises remarquables que renfermait la Champagne avant 1793, et qui ont été démolies, entre autres Saint-Nicaise, à Reims, etc.?

TABLE DES MATIÈRES.

PAG.

SECONDE PARTIE.

Description de la cathédrale de Chalons.

www.ingramcontent.com/pod-product-compliance
Ingram Content Group UK Ltd.
Pitfield, Milton Keynes, MK11 3LW, UK
UKHW020339250726
13967UKWH00005B/2023

9 782013 033718